外尾健一著作集　第八巻

アメリカのユニオン・ショップ制

信山社

はしがき

これまでに公刊した論文をまとめて「著作集」を出版しないかというお誘いは、かなり前から受けていたのであるが、その度に、改めて世に問うほどの論文はなにもないからと固辞していた。しかし、「現物がなくて、読むことのできない論文があるのでまとめてほしい。」という話もときどき耳にするようになったので、とにかく今までに書いたものを集めてみようと、手元にないものは人から借りたりしてコピーをとった。私は、多作のほうではないが、それでも約五〇年の間に執筆したものは相当な数にのぼった。その一つひとつは、稚拙で面はゆいものばかりであるが、私が目の当たりにしてきた戦後の、労働問題・労使関係・労働法の動きと密接に結びついている。論文の表題をみただけで、その当時なにが問題となっていたのか、労使関係や経済の動きはどうであったのか、そして労働法の学説判例の状況はどうなっていたのかが走馬燈のように思い浮かべられた。

論文を書くことによって私が学んだ成果は、その間に執筆した教科書(『労働法入門』)や概説書(『労働団体法』)にある程度結実している。私は、論文を執筆することは、「私は今このように考えているが、どうだろうか」といって世に問うことだと思っている。私自身、多くの批判的論文その他によって、さらに考え直し、教えられて学問的に成長してきた。その成果は、あくまでも理論的な概説書にまとめるべきだと考え、これまでの業績を集大成するような体系的な概説書を執筆したいと考えていた。それが「過去の論文集」の出版を逡巡させた原因の一つでもあった。しかし、最近のめまぐるしく動く社会経済情勢の変化につれて労働法と労働問題の分野にも、新たに学びたいこと、考え直したいことがつぎつぎとでてきて、個別的労働関係をまとめる予定の『労働契約法』の刊行はおろか、『労働団体法』の改訂すら手に着かない状況である。そこで、そのときどきの問題状況の一端を明らかにする意味で、思い切ってすすめられるままに、過去のいくつかの論文をまとめて出版することにした。

私がこれまでに執筆したものは、求められるままに書いたものがほとんどであるので、種々雑多なものであるが、大別すれば、実態調査の報告書、講演会の速記録・通信教育のテキスト・教科書、裁判所・労働委員会に提出した意見書、フランスやアメリカを中心とする比較労働法に関するもの、日本の労使関係や経済変動と労働法の動向に関するもの、その時々に問題となった労働法上の争いに関連するもの等である。本著作集では、このなかから、主として実用法学に関するもの、日本の労使関係と法に関するもの、比較法学に関するものをいくつかを拾い出し、テーマ別にまとめることにした。当初、若手の研究者に少しでも役に立ちそうなものという基準で選んだら、ほとんど掲載するものがなくなってしまった。やめようかと思っていると、「著作集の論文は自分で選ぶものではなく、人が選ぶものです。」といってくれた人がいたので、なん人かのひとに相談しつつ、まとめることにした。

本著作集は、テーマ毎にまとめたため、各論文の執筆の年代はまちまちである。したがって、文体は統一されていないし、仮名遣いなども入り交じっている。今ならば、もっと簡潔に分かりやすく書くのにと思いながらも、あえて誤字脱字以外は訂正をせず、そのまま掲載することにした。内容だけではなく、文章そのものも生硬であるが、論文も時代の背景とともに存在していると考えたので加筆・訂正は行わなかった。それぞれの論文の初出の掲載誌や年度は、各巻末に解題とともに掲げておいた。

私自身は、いまだに未熟な過去の「足跡」を出版することにためらいがあるし、忸怩たるものがあるが、一方においては、労働者の権利が具体的には無に等しかった状況のなかから、基本的人権として法の体系のなかに定着し、今日にいたるまでのわが国の労働法の軌跡の一端を体験し、観察して来た者の一人として、私の論文集をこういう形で世に示すことができたことを有り難いと思っている。この論文集が、若い研究者に少しでも役に立つことができれば望外の幸いである。

本書の出版を、終始、熱心にすすめてくれ、刊行にまでこぎつけてくれた信山社の袖山氏、村岡氏にはこころからお礼を申し上げたい。

外尾健一

一九九八年一月

目　次

目　次

第一章　アメリカのユニオン・ショップ制

はしがき

労使関係において争いの多いものの一つに強制組合主義（compulsory unionism）の問題がある。強制組合主義とは、労働協約を通じてすべての従業員が組合員となるべきことをなんらかの形で強制する制度を指し、クローズド・ショップ、ユニオン・ショップ、メンテンス・オブ・メンバーシップ、プレファレンシャル・ショップ、エイジェンシィ・ショップ等が含まれる。その形態がなんであれ、強制組合主義は、相対的に安定した組合員数の確保が目的となっているのである。しかしながら、それは当然に使用者の企業の自由、並びに個々の労働者の自由と衝突し、多くの争いを生ぜしめる。

今日のアメリカにおいては、強制組合主義は、確かにタフト・ハートレー法やそれに似た州法により立法的に解決ずみのものとなっている。しかしこれらの立法による厳しい制約にもかかわらずユニオン・ショップ協定は増加しているし、またタ・ハ法によるクローズド・ショップの禁止にもかかわらずそれは慣行として生残った(1)のである。強制組合主義には、なぜに強いリアクションが生ずるのであるか。それにもかかわらず、なぜに生き残るのであるか。本稿は、アメリカにおけるクローズド・ショップないしユニオン・ショップの社会的経済的機能とそれが提起した法律問題を検討することにより、強制組合主義が有している特質を明らかにしようとするものである。

（1） とくに建設業においては、クローズド・ショップの協定なしに組合員のみを雇用することが慣行として行われている。Ingles, The right-to-work Hand book, 1958, p. 2.

一　クローズド・ショップの起源

一　強制組合主義の形態

強制組合主義はさまざまな形態をとるが、これらの用語は、それを使う人により、あるいは時代によって、その意味する内容が必ずしも同一ではない。たとえばクローズド・ショップないしユニオン・ショップという用語は、当初は労使双方からするプロパガンダとして用いられたのである。[1]

すなわち、ユニオン・ショップは、組合の組織されていないノンユニオン・ショップに対立するものであり、賃金、労働時間等の労働条件が団体交渉によって決定され、したがって公正であることを意味するものとして使われた。

またクローズド・ショップは、オープン・ショップに対立するものとして使われている。一九〇三年に開催された全国製造業者協会総会において、協会はその労働政策の基本原理の一つとしてオープン・ショップを宣言している。オープン・ショップは、すべての労働者に職場が開かれていることを意味し、明るい自由な感情を表す魅力的な用語として採択されたのである。これに対し、クローズド・ショップは、すでに職場が労働組合の組合員以外には閉鎖されていることを意味し、暗い禁圧の感情を表し、反感をかき立てることを意図して使われた。

元来、クローズド・ショップおよびユニオン・ショップという用語は、右のような動機に基づいて使用されたものであるが、今日では、ほぼ共通の理解として、協約当事者たる組合の組合員のみの採用を約する協定をクローズド・ショップ、誰を採用するかは使用者の自由であるが、採用後の一定期間内に従業員は組合に加入すべきことを義務づける協定をユニオン・ショップと呼称するようになっている。

もちろん、クローズド・ショップやユニオン・ショップにもさまざまなバリエーションがあり、例えば組合員を優先的に雇用することを約するプレファレンシャル・ショップ、従業員中の一定率を組合員とすることを約するパーセンテージ協定、組合員加入は強制しないが協約締結時組合員であった者は、協約の有効期間中、組合員たる資格を保持すべきことを義務づけるメンテナンス・オブ・メンバーシップ、組合加入は強制されないが、雇用の条件として組合費相当額の賦課金の支払を義務づけるエイジェンシィ・ショップ等がある。(2) これらは、形態および強弱の程度こそ異なれ、団結の維持強化という点では共通の目標をもつものである。

（1）　Lieberman, Union before the Bar, 1950, p.331. Toner and Ryan, The Closed shop, 1942, p. 16, note 1.

（2）　本多淳亮・ユニオンショップの研究、八八―九四頁参照。

二　クローズド・ショップの発生

クローズド・ショップという用語それ自体は、比較的最近使われ出したものであるとはいえ、制度そのものは労働組合の歴史とともに始まっている。

排他と独占からなるクローズド・ショップの原理は、中世のイギリスのギルドにまで遡上ることができる。当時のギルドは、どちらかといえば今日の使用者団体に似た性格を有するものであるが、ギルドは、そのメンバーでなければ特定の地域における職業活動が営めないという形で営業ないし職業に対する排他的な独占を行ったのである。このような制度は、当然、イギリスの植民地であったアメリカにも持ち込まれた。一六四八年一〇月一六日に、ボストンの製靴工はアメリカで最初のギルドの免許を得ているし[1]、一六六七年四月一六日および一六七一年三月二八日のニューアムステルダムの市長裁判所の記録によれば、馬車引き、貨物計量所労働者および穀物運搬人に対し、免許の条件となるクローズド・ショップを認可している[2]。

しかしながらギルド内部にも次第に階層分化が進んだ。親方に昇進する機会を失った職人達が、被用者としての利益に基づいて彼等自身の組合をつくるようになったのである。その例として、アメリカにおける労働組合の起源とされている一七九四年のフィラデルフィア靴製造職人組合をあげることができる[3]。このような組合は、その後、印刷工、裁縫師、ガラス工、精紡工、鋳型工、さらには陶工、荷役、製鉄工へと拡大して行った[4]。そしてほとんどの組合が、強固な組合保障制度（union security）を有していたのである[5]。ギルドの組織原理と型が、新たに起ってきた職人組合に深い影響を与えたのは自然のなりゆきであろう。そこでは、すべての職人の組合加入が期待された。もしも使用者が、組合員のみの雇用を拒否すれば、組合員は、彼のために働くことを拒否した。そのうえ組合員達は、組合の定めた賃金の支払いを要求し、これを拒む使用者、あるいは組合の定めた賃率以下の賃金で働く職人を雇用する使用者のもとで働くことを拒否した[6]。すなわち賃上げとクローズド・ショップの要求は一体をなしており、使用者に対する武器は、就労拒否とクローズド・ショップの要求であった。当時においては、労働者の団結と非組合員の排除とは同一物にほかならなかったのである。

南北戦争までは、これらの組合のほとんどは、大西洋岸にそったいくつかの都市における特定の職種の熟練工を中心とした組合にすぎなかった。だからこそ労働市場の独占を比較的容易になしえたのである。しかしながら、南北戦争後の工場制生産制度の発展につれて、本格的な労働組合運動が抬頭する。さきの職人組合ないしギルド類似の労働者の団体は、近代的な労働組合へと脱皮し、一九世紀末までには、全国的な組合が組織されるにいたった。もともと地方的なものとして生まれたクローズド・ショップの原理は、その後も全国組合によって押し進められた[7]ばかりではなく、全国中央組織である労働騎士団およびAFLによっても提唱された。例えば、一八八七年に労働騎士団は、所属組合員のみを雇用する工場でつくられた煙草に特別のラベルを貼り、また製靴会社の製品にも同種のラベルを貼ることを約束させている。さらにAFLも、このようなユニオン・ラベル制度をクローズド・ショップを押し進める手段として、鋳型工、製パン工、製縫工、樽類製造工、傘製造工、印刷工等に拡大している。[8]ユニオン・ラベルは、組合員だけを雇用する工場にしか配布されなかったから、AFLのメンバーはユニオン・ラベルの貼布された製品のみを購入するようにという呼びかけは、クローズド・ショップ原理を推進する強い武器となりえたのである。

さらに労働騎士団は、一八八八年に、ニューヨーク、ポート・ジャービスの会社と、「協約有効期間中は、厳格に労働騎士団ショップであることを維持する」[9]という協約を締結している。[10]

後述するように、クローズド・ショップは、法的な承認をうることが必ずしも容易ではなかったが、現実には労働組合の発展と軌を一にしてクローズド・ショップが普及したのである。この時期のクローズド・ショップの特色は、つぎのように要約することができる。

(1)工場制生産制度は、必然的に労働組合を生み出したとはいえ、この時期の組合運動の主たる担い手は依然として熟練工であった。しかし工場制生産制度は、同時に未熟練労働者にも門戸を開放するものであった。使用者は、低賃金の魅力から好んで移民労働者[11]、婦人年少者等を雇用しようとしたのである。これらの低賃金労働者は[12]、しばしば組合の結成を妨げ、あるいは現存する組合を破壊した[13]。熟練工を中心とする当時の組合は、これらの未熟練労働者に対する統制なしには、労働条件の維持改善はありえないことを経験により学んだ。すなわち仕事口を独占するために、クローズド・ショップを自己防衛の武器として行使したのである。クローズド・ショップの原理は、組合の存立のために不可欠の要件であり、それは組合員の賃上げのための条件でもあったのである。

(2)熟練工中心の組合は、当初、賃率を一方的に決定していたため、クローズド・ショップは、「組合に加入しない者とは一緒に働かない」という組合員による誓約を通して、直接、強制することができた。一八四〇年頃までは、このようなルールを定めることが組合にとっては一般的になっていたのである。例えば一八四二年のボルチモア印刷工組合の規約には、「印刷工は、当市の印刷所で仕事を開始してから一月以内に本組合への加入を申請しなければならない。本規約に従うことを拒否し、または怠る場合には、本組合員は、右の者を雇用する印刷所における労働を中止する」という規定[14]がみられた。

このように、クローズド・ショップの制度は、当初は口頭もしくは黙示の了解、ないし慣行に基づいていたが、労働市場が拡大し、労働者の数が増大するにつれて、組合は、もはや一方的なルールの設定のみでは労働市場を統制することができなくなる。そこで組合は、成文の協約の中にクローズド・ショップの規定を挿入することを主張し始めたのである。

(3)労働市場の拡大と未熟練労働者の進出とともに、組合の仕事口に対する統制は困難になった。職種の拡大と尨大な未熟練労働者を前にして、組合は、もはや使用者に対して組合員のみの雇用を要求することが不可能に近いことを知るのである。したがって、比較的熟練度の高い技術を要する職種である場合を除き、組合は労働市場一般の独占をあきらめ、特定の職場の独占に乗り出すようになる。すなわちユニオン・ショップがクローズド・ショップに代って出現するようになるのである。

（1）Commons and others, A documentary history of American industrial society, 1911, vol III, p. 21.
（2）Fernow, Records of New Amsterdam from 1653 to 1674, 1897, vol, VI, p. 11, quoted by Toner and Ryan, op. cit., p. 24.
（3）野村平爾「アメリカにおける団結権の歴史」団結権の研究六〇—六一頁。
（4）Stockton, The closed shop in American trade unions, 1911, p. 23.
（5）ストックトンは、この点につき、「すべての利用可能な証拠から約言すれば、南北戦争以前のすべての組合は、事実上、雇用から非組合員を排除していたということができる」と述べている。Stockton, ibid, p. 24.
（6）さらに組合員は、非組合員と同一の寄宿に居住することを拒否し、あるいは同一のテーブルで食事することを拒否する等の方法で社会的なボイコットを行ったのである。Reynolds, Labor economics and labor relations, 1949, p. 64.
（7）例えば新たに組織されたAmalgamated Iron, Steel and Tin Workers Associationも、クローズド・ショップを獲得している。J.A. Fitch, The Steel Workers, 1910, p. 90.
（8）Toner and Ryan, op. cit., p. 70, p. 72.
（9）Proceedings of the Knights of Labor, 1888, Doc., 317, quoted by Toner and Ryan, op. cit., p. 71.
（10）左官、大工、鉛管工、煉瓦工の組合は、当時、しばしば、「組合員でなければ応募できない。」、「すべての職場は組合を組織している。」、「非組合員は認められない。」、「ノーカード、ノーワーク」という掲示を行なっているが、このことはクローズド・ショップ制の浸透を物語るものである。Stockton, op. cit., pp. 315-317.
（11）もちろん移民は南北戦争以前にもみられるが、とくに一八四五年以降一九一四年までには約三千百万人の移民が流入している。L.G. Reynolds, op, cit., pp. 16-20.
(12)　この時期の移民労働者の賃金に関する統計は存在しないが、United States Immigration Commissionの一九一四年の報告によればアメリカ生れの労働者の賃金は、外国生れの労働者の賃金より二〇%高くなっていることから、低賃金の状態を推察することができる。C.R. Daugherty, Labor problems in American industry, 1914, p. 245.
(13)　ストライキが発生すると、使用者は一雙ないし二雙の船に満載した移民をヨーロッパより運んだ。Reynold, op. cit., p. 17.
(14)　Stockton, op. cit., p. 23.

三　初期クローズド・ショップの法律問題

すでにみてきたように、クローズド・ショップは、組合運動と密接な結びつきを有し、クローズド・ショップの要求は、賃上げの要求と一体をなしていた。したがってこの時期においては、組合に対する法的評価が、同時にクローズド・ショップに対する法的サンクションを意味したのである。

クローズド・ショップに関する争いは、アメリカにおける最初の労働事件といわれるフィラデルフィア製靴工事件(一八〇六年)(1)に見出すことができる。この事件は、八人の製靴職人が、賃上げのストライキのために起訴された事件であるが、フィラデルフィア市長裁判所は、賃上げのための団結はコモンロー上の刑事共謀罪にあたるとして有罪の判決を言渡した。この事件で留意しなければならないのは、起訴状における訴因の一つに、被告人らが「違法に、害意をもって、かつ詭計を用いて」団体を結成し、「違法かつ恣意的に規則ないし規約(by laws, rules and orders)」を採択し、いかなる組合員も、かかる違法な規則に違反する者を雇用する使用者のもとでは働かない旨を悪意をもって合意したことを挙げている点である。この事件では、非組合員とは共に働かないという申合せの形で採択されたクローズド・ショップが違法な団結とみなされ、したがって刑事共謀罪に該当することが明らかにされた。

一八二三年のニューヨーク製帽工事件、一八三六年のニューヨーク製縫工事件、一八三六年のフィラデルフィア左官事件、および一八三六年のハドソン製靴工事件(3)においても、同じくクローズド・ショップの原理が問題とされている。例えば一八三六年のニューヨーク製縫工事件においては、製縫職人が、その組合の規約に同意しない使用者のために働くことも妨げるために恣意的に規約を採択したことが違法な団結として起訴されているが、同時に、「右の組合の構成員でない製縫職人を雇用する店では働かない」という申合せが訴因の一つとされている。

さらにハドソン製靴工事件の起訴状では、クローズド・ショップが唯一の犯罪であるとされ、「被告人らは、使用者(boss shoemaker)が組合に所属しない者は雇用すべきでないということを言う権利を有するものではない」と述べられている。そして、当時の州の裁判所は、いずれもクローズド・ショップに眉をひそめ、労働市場の独占は、アメリカの基礎法 (fundamental law of the land) によって保障された個人の自由の行使を侵害し、自由な競争、商品市場および労働市場への自由な接近に好意的な公の政策に反すると判示したのである(3)。

しかしこのような抑圧にもかかわらず、労働条件改善のための労働者の組織化とクローズド・ショップの慣行は拡がった。急速な産業の発展は、同時に労働組合の存在を不可避なものとしたのである。それとともに従来の労働組合に対する法的な敵意は、なんらかの形で修正せざるをえなくなった。

労働組合に対する寛容の第一歩は、一八四二年のハント事件(4)に始まる。同判決は、労働者の団結に対する刑事共謀罪の適用を制約し、クローズド・ショップには必ずしも違法な要素は含まれないことを明らかにした。

もちろんハント事件においても、地方検事は、クローズド・ショップを「奴隷同様のもの」と性格づけ、かかる規約の違反に対して制裁金を課す旨の規定を「ゆすり」であるときめつけている。しかしマサチューセッツ最高裁は、非組合員と一緒には働かないということは必ずしも違法ではないとして、労働者の団結とクローズド・ショップの原理を法的に認容したのである。すなわち同判決は、組合の目的が労働条件の改善にあることから、その目的は違法ではなく、また目的達成のために行使された手段も違法でないことから刑事共謀罪は適用されないとした。したがって、特定の目的を遂行するために労働者が団結したときには共謀には当らないが、その目的が違法であるか、あるいは目的達成のための手段が違法であるときには共謀にあたることが明らかにされたのである。

しかしこの「目的および手段」の理論は、組合そのものの存在を合法化するものであったとはいえ、多くの面にわたって組合の活動を制約する理論として使われた。ハント事件以後もあるいは手段の点で暴力行為が含まれるとして共謀の法理が適用され、また多くの裁判官は、目的ないしは手段が違法であるとしてストライキに対し、インジャンクションを発した。したがってクローズド・ショップを獲得する試みも、しばしば違法とされたのである。

この時期の裁判所の考え方を示す一例として一八九七年のCurran v. Galen事件(5)をあげておこう。この事件は、ロチェスターのビール醸造業者協会と労働騎士団に所属する地方組合との間におけるクローズド・ショップ協定についての争いにかかわるものである。協約には、「ビール醸造業者協会（Ale Brewers' Association）に所属するビール会社のすべての従業員は、労働騎士団ビール醸造労働者地方組合一七九六（Brewery Workmen's Local Assembly 1796, Knights of Labor）の組合員でなければならない。」「いかなる従業員も、組合員となることなく四週間以上働くことができない」と規定されていた。組合加入を拒否したために解雇されたカランは、生計をうる手段を奪うことにより自分を害するための共謀が行われたとして、組合を相手どり、損害賠償の請求を行った。裁判所は、つぎのような理由から原告の請求を認容した。

「公の政策および社会の利益は、市民が合法的な営業ないし職業を営む最大限の自由を支持している。もしも労働者の組織ないし団結の目的が、右の自由を妨げ、または制約するものであるとき、あるいは使用者との契約ないし協定を通じて他の労働者が組織の構成員となることを強制し、または地位の喪失あるいは雇用の剝奪という制裁の下に規約または条件の影響下におくことにあるときは、その目的は明らかに違法であり、わが国の統治の精神および公共の組織の性格と衝突するものである。かかる目的の遂行は、独占と排他的な特権を禁止する公の政策の原理に反する」。

同判決は、確かに労働条件の改善という正当な目的のために労働者が団結する権利を認めているが、団結を容認する原理は、団結の活動が他人を傷つけるときには変質せしめられることを明らかにした。すなわち、裁判所は、組合の正当な目的と、クローズド・ショップとの間には関連がないとし、市民が、社会全体の福祉のために課せられる制約以外の制限をうけることなく、合法な職業を遂行する権利は、法によって保障された自由であると判示しているのである。

一言でいえば、この時期には、賃上げの要求は、すべての裁判所により正当と認められるにいたったが、クローズド・ショップの要求は、多くの裁判所により違法と評価された。

（1）Commons and Gilmore's Documentary history of American industrial society, vol. III, 1910, pp. 59-236.
（2）Commons and Gilmore's ibid, vol. IV.
（3）この意味から、前記フィラデルフィア製靴工事件の起訴状が、「製造業の拡大は、公衆にとって有益なものである。製靴工らによる共謀は製造業を妨害するものである。高い労賃は消費者、産業および個々の親方にとって高い価格を意味する。したがって共謀人として処罰しなければならない」と述べているのは興味深い。

（4）　Commonwealth v. Hunt, 4 Meter 111 (Mass. 1842).

（5）　43 N.E. 297, 298 (1897).

二　クローズド・ショップ対オープン・ショップ

一　クローズド・ショップないしユニオン・ショップに対する使用者の態度

一九世紀の末までは、使用者は、クローズド・ショップに対してむしろ好意的な態度を示していたように思われる。クローズド・ショップに関する初期の裁判例は、原告が使用者ではなくて、非組合員たる個々の被用者であったことを明らかにしているし、前記ハント事件においても、使用者は、非組合員たる被用者に組合加入を勧めていることが記録として残されているくらいである。(1)

しかし二〇世紀に入ると、使用者の態度は一変し、反クローズド・ショップ運動を展開し始めた。クローズド・ショップに対する反対は、当初は、地方的な規模で進められたが、(2)やがて全国的な拡がりを示すようになった。全国金属産業協会 (National Metal Trade Association)、全国建設業者協会 (National Founders' Association)、全国製造業者協会 (National Association of Manufacturers)、アメリカ反ボイコット協会 (American Anti-Boycott Association)、全国設立者協会 (National Erectors' Association)、民間産業協会 (Citizen's Industrial Association)、および合衆国鉄鋼協会 (United States Steel Corporation) がクローズド・ショップ攻撃の戦列に加わった。これらの使用者団体は、つぎつぎとオープン・ショップを提唱したのである、なかんづく、全国製造業者協会は、一九〇三年につぎのような宣言を採択している。

「全国製造業者協会は、組織労働それ自体に反対するものではないが、ボイコット、ブラックリストおよびその他の使用者並びに被用者の個人的自由を侵害する違法な行為には断呼として反対する。何人も労働組合の組合員であるか、非組合員であるかにより、雇用を拒否され、あるいは何等かの方法による差別待遇を受けるべきではない。また労働組合に加入しなかったいかなる被用者も、かかる組合の組合員により差別的取扱ないし妨害を受けるべきではない(3)」。

さらに同協会は、翌一九〇四年の総会でつぎのような決議を採択し、このような強制組合主義をクローズド・ショップと名づけて非難するとともに、オープン・ショップの政策を推進すべきことを明らかにしている。

「労働者は、その労務につき、集団的に協約を締結する権利を有する。しかし協約当事者以外の者の雇用を否定する条項を有する協約は、アメリカ市民の憲法上の権利を侵害し、公の政策に反し、共謀の法理に違反するものである。当協会は、クローズド・ショップに絶対に反対することを宣言し、いかなる産業の門戸も、アメリカ市民（労働者）に対し、労働組合の組合員であるか、非組合員であるかを理由として鎖されてはならないことを宣言する(4)」。

同協会は、その後もクローズド・ショップに対する反対運動を強化し、使用者団体をリードした。例えば一九二〇年には、同協会内にオープン・ショップ局（Open shop bureau）を設置し、この問題についての公衆に対する情報宣伝活動を行うための委員会を組織し、「オープン・ショップ会報」（Open shop bulletin）を発行している。また同協会は、一九一二年に組織された合衆国商業会議所と協力して、クローズド・ショップに反対し、世論を喚起するための活動を活発に展開した。

これらの使用者団体のクローズド・ショップに対する反対理由は、つぎのように要約することができる。[5]
(1) クローズド・ショップは、不可避的に生産を制限し、減少させる。そのことは、一般公衆に負担を強いる生産費の増加を意味する。
(2) クローズド・ショップは、労働の独占を生み、個人の自由、すなわち使用者の欲する者を採用する自由、および労働者の欲するところで働く自由を妨げる。すなわちクローズド・ショップは、自由な契約の権利を侵害する。
(3) クローズド・ショップは、組合に余りにも強大な力を付与する。それは、組合が経営に責任を負わないにもかかわらず、職場を絶対的にコントロールする権限を与えるものである。
そして使用者団体は、オープン・ショップを「アメリカン・プラン」[6](American Plan)と名づけ、このような魅惑的なスローガンのもとに、オープン・ショップを「すべての者に開かれているショップ、組合の抑圧から非組合員の権利を保護するショップ」であるとして鼓吹するとともに、「反アメリカ的」なクローズド・ショップの廃止を主張したのである。

今世紀の初頭から一九二〇年代の後半までを「オープン・ショップの時期」と名づけることができるが、むしろ一九世紀末まではクローズド・ショップに対し好意的ですらあった使用者の態度が、なぜにこのように急激に変化したのであろうか。クローズド・ショップに対する一九世紀末までの使用者の好意的な態度は、
(1) 当時の労働組合の勢力が相対的に弱く、使用者は、クローズド・ショップによる不利益をそれほど意識しなかったこと、
(2) 多数の使用者は、熟練労働者を組合を通して採用しており、クローズド・ショップはむしろ使用者にとって雇用の安定を確保するものであったこと、

(3)　若干の使用者がクローズド・ショップの原理に反対していたとしても、それは個人的なものにとどまり、組織化されなかったこと、に由来するものであった。

しかしながら、労働組合運動の進展は、同時に使用者団体の結成を促した。使用者団体は、直ちに反クローズド・ショップ運動を組織し、オープン・ショップの政策を主張した。しかし使用者団体のこのような運動が、ただ単にクローズド・ショップに対する攻撃を目的としたものではなく、労働組合そのものを弱体化することにあったという事実を見落してはならない。実際、当時の全国製造業者協会の記録は、組合員の差別待遇についての慣行が存したこと、同協会の運動が、同時に、公然と組合を破壊することに向けられていたことを示している。(7)

テーラーは、製造業者協会の「オープン・ショップの主張は、基本的には反組合工場（anti-union shop）の主張である(8)」と述べているが、オープン・ショップは容易に、反組合ショップへ転化する可能性を有していたのである。何となれば、使用者が組合員と非組合員に対して完全に公平な態度をとることは不可能に近く、使用者が非組合員を使うときには相対的に組合は弱体化するという関係にあるからである。労働者が、いかなる危険も経済的負担も負うことなしに組合の獲得した成果を手に入れることができるならば、多くの他の労働者もこれにならうことは目にみえたことである。

組合は、もしもクローズド・ショップが廃止されたならば、組合結成以前の状態にもどり、労働条件についての発言権を失い、使用者の一方的に決定する賃金を受諾せざるをえないことを本能的に悟った。そこで組合側は、組織を守るために、クローズド・ショップの維持を強く主張した。実にクローズド・ショップないしユニオン・ショップは、団結を守る手段であり(9)、それは組合の死活問題であった(10)。クローズド・ショップは、もはやかつてのような移民労働者ないし未熟練労働者の出現による労働条件の低下の防止という役割から離れ、使用者の反組合主義に対する楯[11]としての機能を果さざるをえなくなったのである。

（1）E. Lieberman, op. cit., p. 18.
（2）オープン・ショップの運動は、一八九〇年代の初めにロスアンゼルスで開始されたという。Toner and Ryan, op. cit., p. 115.
（3）Prceedings of the N.A.M., 1903, pp. 166-167. quoted from Toner and Rayan p. 122.
（4）Ibid. (Proc., 1904, pp. 172-173).
（5）L.T. Beman, Selected articles on the Closed shop, 1922, pp. 119-197.
（6）Perlman and Taft, History of labor in the United States, 1896-1932, pp. 489-514.
（7）Toner and Ryan, op. cit., p. 125.
（8）A.G. Taylor, Labor policies of the National Association of Manufacturers, 1927, pp. 163-4.
（9）コモンズは「ユニオン・ショップないしクローズド・ショップは、賃金労働者の防衛に必要な手段である」と述べている。J.R. Commons, Causes of the Open shop policy, in the making of America 1905, vol. VIIII. p. 212.
（10）H.T. Lewis, "The economic basis of the right for the closed shop," Journal of Political Economy, vol. 20 (1912), p. 932.
（11）ＩＬＯ第三〇回総会では、「結社の自由と労使関係に関する決議」案の検討を行っているが、組合員たることを雇用条件とする協約を分析しつつ、「このような組合保障条項は、それが当事者間の自由な合意に基づくものであるならば、反組合的性格を有する差別的行為に対する最も強固な保障を構成する」と述べている。ILO, Freedom of associations and industrial relations, Report VII (1947), p.114.

二　クローズド・ショップないしユニオン・ショップ協定と判例法

労働運動の発展の中から必然的に生まれてきたクローズド・ショップは、組合員の利益と団結を守る制度としての性格を有し、それゆえ、使用者側の強い反対に直面せざるをえなかった。ここでは使用者側の反対運動が組織的に展開される今世紀初頭から、一九三五年にワグナー法が制定され、団結権の保障がなされるまでの時期を一つの区切りとして、クローズド・ショップが判例法においてはいかなる法的評価をうけたかを検討することにする。

この時期のクローズド・ショップの法律問題は、必ずしも組合と使用者との協約の形で具体化されたものに限定すべきではない。使用者がクローズド・ショップ協定の締結を拒否するときには、クローズド・ショップを要求するストライキが起り、このようなストライキの正当性をめぐって多くの裁判例が生じているからである。

たしかにこの時期においても、クローズド・ショップ協定の合法性に関するいくつかの裁判例がみられるが、多くの裁判例は、クローズド・ショップを獲得するためのストライキや、ピケッティング、ボイコットに関するものであり、あるいはクローズド・ショップ協定のために解雇された非組合員が提起したものであった。したがって、クローズド・ショップ協定そのものを違法としているのか、あるいはクローズド・ショップを獲得するための組合の活動が違法とされているのが必ずしも明確でない裁判例が多く、また州の裁判所は、しばしば以前の判決と同一でない判断を示しているので、この時期のクローズド・ショップに関する法理を整理することは必ずしも容易ではない。しかし一般的には、クローズド・ショップを獲得するためのストライキの正当性の評価は、クローズド・ショップそのものの合法性についての裁判所の態度いかんにかかわっているということができるので、ここでは、これらの事件をも含めて考察の対象とすることにする。

すでに（一三）みてきたように、初期の裁判例において、クローズド・ショップの正当性を評価するために用いられてきた基準は、当時の労働者の団結一般に適用された共謀の法理および営業制限(restraint of trade)の法理であった。これらの法理は、この時期にも継続して援用され、さらに発展させられた。これらは、しばしば「営業制限の共謀」(conspiracy in restraint of trade) というような形で用いられているが、ここでは、一応、別個に扱い、それがどのように発展したかをみていくことにする。

1　共謀の法理

(1)　クローズド・ショップ協定獲得の目的の正当性

共謀の法理は、労働者の団結そのものに、したがってクローズド・ショップにも適用されるものであった。しかし、ハント事件以後、多くの裁判所は、「一人の人間が合法的になしうるものは、団結もまたなしうる」[1]という一歩進んだ立場をとるようになった。同時に労働条件の改善を目差す組合の行為の正当性は、その目的および手段の評価に依存することになったのである。そしてハント事件を除き、多くの裁判所は、クローズド・ショップを獲得し、もしくは履行しようとする企ては、労働条件の改善という組合の正当な目的から遠くはなれているという理由のもとにクローズド・ショップを違法なものと評価した。クローズド・ショップ獲得のためのストライキ、ないしは非組合員の雇用に反対するストライキに関する事件においても、多くの州の裁判所は、右の法理を適用してこれを違法としたのである。マサチューセッツの裁判所は、この立場に立つ代表的なものであった。
例えば Plant v. Woods (1900)[2] は、被告組合が、ライバル・ユニオンに所属する原告らの雇用に反対するためにストライキを呼びかけたというものであったが、裁判所は、被告組合の目的は、原告らも自己の組合に加入させることにあり、その目的のために被告組合は原告らの仕事を妨害したと認定し、「かかる行為は許し難いものであり、われわれの法の精神に合致しない」と判示している。

また被告製靴工組合（Boot and Shoe Workers' Union）が、クローズド・ショップ協定に基づき組合加入を拒否した原告らの解雇を会社に強要したことが争われた Berry v. Donovan（1905）(3) において、裁判所は、「労働組合が他人を組合に加入させることから引き出すことを期待しうる利益は、直接、労働条件において獲得された改善ではなく、単に将来生じうるかも知れない使用者との紛争に力を加えるだけのものである。この種の目的は、また、第三者に対する故意の侵害を正当化しうるような営業における利益とみなしうるものからも程遠い」として、クローズド・ショップ協定は、組合が非組合員の解雇を要求することを正当化するものではないと判示している。

さらに Folsam v. Lewis（1911）(4) においても、裁判所は、国際写真彫板工組合（International Photo-Engravers Union）のクローズド・ショップ要求のストライキを、賃金や労働時間等の労働条件の改善のような直接的要求に関するものではなく、これらの要求の前提となるものであり、正当化し難いものであるという理由のもとに違法と評価している。すなわち、「将来使用者との間に生じうる争いにおいて、その要求を貫徹するためのよりよい条件を作り出すことを目的とする組合の力の強化は、使用者の営業に対する侵害を正当化するには十分ではない」とされたのである。

しかしながら、前記 Plant v. Woods（1900）において、ホームズ判事はつぎのような少数意見を書き、組合の力の強化が有している性格をより明確にしている。

「直接の目的ないし動機は、賃金問題やその他の利益の衝突する事項につき、組合をして有利な闘いを行わせるための前提ないし手段として、被告らの組合を強化することにあった。組合の強化の手段としてなされた脅迫(threats)は、その究極的な目的が正当であると同様に、前提をなす目的も正当であると考える点で、私は同僚判事と意見を異にする。私は、組織の統一は、(組合の)労働に関する争いを有効ならしめるために必要であり、労働者の組織は、合法的に彼等が最終的な闘いにおいて用いる手段を予め採用することができると考える」。

この少数意見の流れをくむものに、National Protective Association of Steamfitters and Helpers v. Cumming (1914)(5)がある。争点は、組合は、組合員がライバル・ユニオンに所属する者とともに労働することを拒絶することができるか、もしも、かかる非組合員が解雇されなかった場合に、組合はストライキをうつことができるかというものであった。裁判所は、組合の活動とそれによって影響をうける労働者の共通の利益との間には関連があり、また、組合が、敵対組合の組合員の解雇を要求することは、自己の組合員の利益を図るためになされているものであるから、目的の点で違法ではないとしつつ、クローズド・ショップの履行を求めるストライキを正当とした。同判決において、パーカー判事は、クローズド・ショップは有利な結果をうるために必要であり、組合はその組合員の雇用の場所をつくる権利を有し、本件における組合の行為は、悪意ではなく、適法な競争の範囲内のものであると述べている。

この理論は、その後の裁判例にも影響を与えている。クローズド・ショップ要求のための組合の行為についてかなり厳しい制限を課していたマサチューセッツの裁判所ですら、Hoban v. Dempsey (1916)(6)においては、クローズド・ショップ協定の正当性を認容せざるをえなくなったのである。事案は、労働騎士団に所属する組合の役員が、敵対組合である国際荷役組合を相手どって、クローズド・ショップの履行の禁止と、被告の組合に加入していないことを理由とする就労の拒否の禁止を求めたものであったが、裁判所は、(1)クローズド・ショップ協定締結の目的は、原告を害することではなく、第一次的には組合員の利益の獲保にあったこと、(2)使用者に対し、いかなる強制も威嚇もなされず、使用者は、任意に、専ら自己の利益のために協定に署名していること、(3)クローズド・ショップ獲得のために、違法と評価されるようなストライキその他の強制がなされていないことを理由として、被告組合のクローズド・ショップ協定を合法と判示した。すなわち、裁判所は、本件の事実関係は、暴力や、脅迫、威嚇などの違法な行為ないし動機がみられる他の事実関係とは異るとして、クローズド・ショップ協定の合法性を認めたのである。

同様に、非組合員が会社に対し、組合員のみの雇用と非組合員の解雇を約束するクローズド・ショップ協定の履行の禁止を求めた Kisam v. United States Printing Co. (1917)[7] において、裁判所は、かかる協定の履行は経済的利益を獲すこと、右の協定は非組合員を害する目的のもとに成立したものではないこと、原告らの解雇につき会社に対し強制的な圧力が加えられていないこと、原告らの組合が加入を強制し、雇用を害する共謀がなされていないこと等の理由から、クローズド・ショップ協定は、すべての点において合法と判示している。

また、使用者が組合を相手どり、組合は、組合員が非組合員とともに就労することを禁止する組合規約を採択したとして損害賠償の請求を求めた Cohn and Roth Electric Co. v. Bricklayers Union (1917)[8] において、裁判所は、(1)労働組合の組合員は、もしもそれが組合員の利益のためになされ、第一次的には他人を害することが目的となっていない場合、およびそのために採用された手段が違法ではなく、公の政策に反するものでないかぎり、組合規約に基づき非組合員とともに就労することを拒否することができる、(2)労働組合の強化は正当な目的である、(3)右のような就労の拒否は、特定の地域に適格者が数多く存在するときには、使用者の選択の自由を奪うものではないという理由から、訴えを棄却している。

前記 Hoban v. Dempsey 以来、マサチューセッツ裁判所は、クローズド・ショップ協定の合法性を認めたが、クローズド・ショップ獲得のためのストライキに対しては、必ずしも好意的ではなかった。しかし Shinsky v. O' Neil (1919)[9] においては、従来の立場をさらに一歩進めている。すなわち同判決は、「組合の政策の一部は、しばしばクローズド・ショップと呼ばれているもの、すなわち組合員のみを雇用し、非組合員を雇用しない工場（shop）を獲保し、またその数を増加させることにある」、しかし「組合の組織の拡大および強化は、共通の利益のために取引上の利益の獲保を目的とする団結に必然的に附随するものである」と述べ、クローズド・ショップ履行のためのストライキを合法としたのである。

（1）　Cohn & Roth Electric Co. v. Bricklayers Union, (1917), 92 Conn. 161 において、裁判所は、「個々の人間は、彼等の欲する者のために働き、雇用契約に違反しないかぎり、好むときに退職することができる。個人の団結も、同様の権利を有するが、組合員の集団的行為により他人を害することについての責任を負うときは、かかる権利の行使は一定の制約をうける。」と判示している。

（2）　176 Mass. 492, 57 N.E. 1011.

（3）　188 Mass. 353.

（4）　208 Mass. 336, 94 N.E. 316.

（5）　170 N.Y. 315, 63 N.E. 369.

（6）　217 Mass. 166.

（7）　199 N.Y. 76.

（8）　92 Conn. 161.

（9）　232 Mass. 99, 121 N.E. 790.

(2)　バランス論

この時期の裁判例の流れの一つに、究極的な目的と、直接的な意図とのバランスによって正当性を評価しようとするものがある。すなわち、動機が使用者ないし非組合員に対する直接的な悪意にあったか、あるいは組合の究極的な利益の擁護にあったかを探求し、もしも前者に比重がかけられるときには、クローズド・ショップを獲得し、あるいは履行するための組合の行為は違法であるが、これに反して主たる目的が、究極的な労働条件の改善にあり、使用者ないし非組合員に対する侵害が不可避的ないし附随的なものであるとみなされるときには、組合の行為は合法的と評価するのである。

この立場の代表的なものに前出 Hoban v. Dempsey がある。同判決は、就労の機会を奪うことにより非組合員である原告を害する意図は、協約の目的の一つではなかったとしつつ、「原告になんらかの損失が生じようとも、それは協約の附随的な結果であり、基本的な要素ではない。協約の主たる目的は、適法な取引きの範囲内にある。」と判示している。

しかし、このような理由づけは、必ずしも有用であるようには思われない。なんとなれば、組合の行為動機を判断する客観的な基準がないため、保守的な裁判所は、容易に主たる目的は使用者ないし非組合員を害することにあったと認定するであろうし、リベラルな裁判所は、逆の事実認定をするからである。そこで、主観的な動機の認定が困難であることから、多くの裁判所は、この試みを放棄し、使用者ないし非組合員に対する害意の認定をする代りに、相互に衝突し合うこれらの個人の権利と組合の権利のバランスをはかることによって正当性を評価しようとした。(1) クローズド・ショップに関する争いの多くは、解雇された非組合員が、就労の権利を主張し、あるいは、使用者が採用の自由を主張して提起したものであるだけに、裁判所はこのような評価の方法を受け入れ易かったということができる。

確かに労働者は労働条件の改善のために団結する権利を有しているし、使用者は労働市場および商品市場に自由に接近する権利（right of free access to the labor and commodity market）を有し、非組合員も就労の権利および組合加入を拒絶する自由を有している。しかし、組合がクローズド・ショップの獲得を要求し、あるいはその履行を求めるときには、これらの権利は直接的に衝突せざるをえないのである。その場合に、裁判所は、右のような組合の団結活動が使用者並びに非組合員の権利に対する被免責的な妨害（justifiable interference）であるのか、違法な故意の侵害であるかを判断しなければならない。したがって、そこでは、被免責的な妨害とはなにかという問題が提起されるのである。

被告組合の役員が、使用者に対してクローズド・ショップ協定への署名を強要し、使用者がストライキを恐れて協定に署名したことが問題となったO' Brien v. People (1905)(2) において、裁判所は、「ストライキを指令するという脅迫のもとに、労働組合の組合員のみによって営業を行うという協定に署名することを使用者に強制する企ては、かかる協定が使用者の正当な権利を侵害し、非組合員たる被用者に対する関係で不当かつ抑圧的であるがゆえに、違法である」と判示している。

また前記 Berry v. Donovan (1905) において裁判所は、クローズド・ショップは一種の競争として正当化されるという被告組合の主張を斥け、つぎのように述べている。

「営業における公正な競争が人々を敵対関係におき、しばしば自己自身のための行為が他人の固有の行為を妨害することを正当化することは真実である。しかし自己の希望に従うことを拒絶したことを理由として、労働者の解雇を行わしめるためになされる労働者の団結による妨害は、競争ではない。……この種の目的は、第三者に対する故意の侵害の打撃を正当化するような営業における利益とみなされるものからはるかに隔たっている」、「われわれは、団結することにより、自己並びにその家族のためによりよい条件を獲得しようとする労働者達を妨害しようとは思わない。われわれは、労働者が団結から利益を引き出すことを疑うものではない。われわれは、正しい法の支配のもとに、また個人の権利に対する正当な評価のもとに、労働組合が(非組合員たる)労働者を雇用の外に放逐することは許さるべきではないと判断するのみである。何故ならば、彼等も独立して労働することを選択しうるからである」。

さらに非組合員であることを理由に解雇された者が、組合に対して損害賠償を請求した Brennan v. United Hatters (1906)[3] において、裁判所は、「コモンローは、長い間、市民の誇るべき自由の一つとして、すべての者が、自己の選択した合法的な営業ないし職業を他人から妨害されることなく自由に営む権利を有することを認めてきた。」として、個人の自由を強調しつつ、故意または免責事由なしに使用者をして、その被用者を解雇させた者は損害賠償責任を負うが、本件の場合、被告組合は、他人の権利を侵害し、それは、同等ないし優越的な権利の行使ではないことから、認定される悪意 (malice in law) を構成すると判示している。

Erdman v. Mitchell (1903)[4] もまたクローズド・ショップ協定に基づき、非組合員である原告の解雇を要求してなされたストライキに関するものであるが、裁判所は、「自分の手を自由に使用する権利は、工場、家屋および土地からの収益を妨げられることなく入手しうる金持の権利と同様の労働者の財産権である。」として、勤労権を強調しつつ、「被告らによる、単に特定の組合に加入する選択をしないことを理由に、脅迫およびストライキによって他人の勤労の権利を奪う協定は、不法な行為を犯す共謀であり、かかる共謀は制約せられる」と判示している。

クローズド・ショップを要求するストライキに対してインジャンクションを求めた Baldwin Lumber Co. v.

Inter. Brotherhood (1920)[5]においても、裁判所は、「かかる〔クローズド・ショップ〕協定が違法であることは、合法的な営業ないし職業を営む個人の最高の自由になんらかの方法により影響を与える独占は嫌悪すべきものであるというわが国の統治理論の基本原理に宣言されている。」と述べ、インジャンクションを認容している。

しかしながら一方において、Rody v. United Mine Workers of America (1914)[6]では、裁判所は、非組合員の解雇を要求する組合の行為を正当な権利行使の範囲内にあるとしている。すなわち、同事件では、組合と会社との間に、組合に加入しない者は雇用しないという口頭の合意があるにもかかわらず、会社が非組合員である原告を依然として雇用していることについて被告組合が会社に抗議し、要求が容れられないときにはストライキを行う旨の通告を行ったことが争点となっているのであるが、裁判所は、労働組合の組合員である石炭会社の被用者達は、使用者が非組合員を雇用し、あるいはその雇用を継続していることに対して、抗議をする権利を有し、かつ抗議が容れられない場合には、ストライキを行う権利を有すると判示している。

また Overland Publishing Co. v. Union Hithograph Co. (1922)[7]においても、裁判所は、National Fireproofing Co. v. Mason Builders Ass.[8]を引用しつつ、組合員のみの雇用を約束する協定を合法と評価している。すなわち裁判所は、つぎのように述べる。

「協約が第三者を害するように機能するというだけでは、特定の者の間における協約を違法とするには不十分である。当事者の利益を推進することを本来の目的として締結された協約は、それが附随的に第三者を害するという事実によって違法となるものではない」、労働者は「それによって第三者を害するとしても、合法的なやり方でその目的を遂行する権利を有する。労働者および建設業者が相互の利益のために団結し、かつ、その動機が悪意に基づかず、目的が違法でも抑圧的でもないかぎりまたその手段が詐害的でもないかぎり、結果は、たとえ必然的に他人を害するものであっても共謀にはあたらない。このような他人に対する損害は重大なもの——破滅に導くもの——であるかも知れない。しかし、それが、団結がその目的を正当に行使することにより生じたものであるならば、それは損害賠償の認められない損害（dammum absque injuria）である」。

以上のように、malice-in-law 理論に依拠する裁判例も、クローズド・ショップに対する評価については、大きく二つに分れたのである。すなわちこの立場に立っても、使用者および非組合員の権利に対する故意の妨害がなされているときには違法とされるが、妨害が故意ではなく、単に団結による平等ないしは優越的な権利の行使に附随するものとみられるときには、正当とされた。したがって、裁判所は、損害が悪意に基づくものであるか、あるいは究極の利益のために附随的に発生したものであるかを認定しなければならない。結局、クローズド・ショップの正当性評価のこの方法も、基本的には、最初の malice-in-fact 論と同じことに帰着せざるをえなかった。したがって、クローズド・ショップを獲得し、それの履行を求める組合の行動の動機の評価に当っては、個々の裁判官の価値観ないしは偏見が大きく入り込む余地を残したのである。

（1） 前者の方法は、malice-in-fact, 後者の方法は malice-in-law と名づけることができる。
（2） 216 Ill. 354.
（3） 73 N. J. L 729.
（4） 207 Pa. 79.
（5） 91 N. J. Eq. 240.
（6） 41 Okla. 621
（7） 57 Cal. App. 366.
（8） 169 Fed. 259, 26 LRA (NS) 149.

2　営業制限の法理

クローズド・ショップないしユニオン・ショップ協定の正当性評価の基準として採用された第二の法理は、営業制限の法理（doctrine of restraint of trade）であった。この理論は、同時に争議行為一般の法的評価にも重要な役割を果した。

営業制限とは、要約すれば、(1)公衆が、商品市場への正常な接近を遮断されることにより侵害をうけるとき、(2)使用者間の競争の自由が妨害されるとき、(3)使用者の平常の労働市場への接近が妨げられるとき、といった一連の状況の発生により、営業ないし通商が制限されることをいう。もちろん、労働組合ないし労働者の団結の行うさまざまな集団的行動により、右にあげたような意味での営業制限の効果が発生することは少なくないが、そのすべてが違法とされるものではない。従来のコモンロー上の法理からすれば、つぎの二つの場合にのみ正当性を失うとされたのである。

第一に、営業は、常に競争相手の活動により制限をうけるが、このような制限は、それが非合理ないし不公正なときにのみ違法と評価される。つまり、競争相手が他人の権利を妨げるとき、それが、対等の権利ないしは優位に立つ権利を行使するものでない場合、あるいは公衆に対し重大な支障または不便を生ぜしめた場合にのみ違法とされる。

第二に、かかる営業制限が、強制、脅迫、暴力その他の違法な手段によりなされるときには、当然に正当性を失う。

そして、右の二点のいずれかにより営業が違法に制限されたとき、このような制限を生ぜしめる目的をもった結合（combination）もまた違法とされた。

コモンロー上の共謀の法理と営業制限の法理は、例えば「営業制限の共謀」(conspiracy in restraint of trade)として、一体として適用されている。しかし営業制限の法理は、共謀の法理よりはその巾が広いのである。共謀の法理にあっては、団結の目的が、使用者または非組合員の権利を不法に侵害したときのみ違法とされるが、営業制限の法理にあっては、第三者、すなわち、より広いグループである公衆が含まれる。そして、公衆の権利に対する不公正な侵害があれば、それだけの理由で、労働者の団結は違法な営業制限と評価されるのである。

ところで、クローズド・ショップ制を獲得し、もしくはその履行を求める労働者団結の正当性評価の基準を、労働組合により違法または不法に営業の制限がなされたか否かに求める立場は、結局、その正当性評価の基準を、独占の悪は労働組合主義の利益より重いという見解に依処するものである。

この点に関しては、Terrio v. Nielson Construction Company (1939)(1)は、特異な立場に立つものである。同判決によれば、使用者は、将来雇用契約を締結すべき者を選択する権利を有しているがゆえに、クローズド・ショップ協定を適法に締結することができるという。すなわち、企業主は、将来、いかに営業を遂行するかを決定する権利を有するがゆえに、適法に非合理な制約関係に入りうるものであり、クローズド・ショップの適用をうける個人はそれに拘束されるとするのである。

しかし、裁判例の多くは、独占に反対する政策と、労働組合主義に好意的な政策との対立を別な方法によって解決しようと試みた。

Jacobs v. Cohen (1905)(2)において、被告会社は、協約の有効期間中、組合員のみを雇用することを約し、同じく原告組合は組合員を提供すべきことを約したが、同判決は、「その制約は抑圧的性格を有しない。すなわち、地域社会において、労働者達が就労し、彼等の生計をうることを妨げるようには一般的には機能していない」がゆえに公の政策に反するものではないと判示した。同判決においては、クローズド・ショップ協定が他の労働者から就労の機会を奪うほど労働市場を独占しているかどうかが正当性判断の基準として用いられているのである。

このような見解は、その後の裁判例にも引きつがれた。クローズド・ショップ協定の適用により非組合員が解雇されたConnors v. Connolly (1913)(3)において、コネチカット州裁判所は、つぎのように判示している。

(1)　組合員のみを今後雇用する旨の労働組合と、実質的に特定地域における主要産業のすべての企業主との間の協定は、公の政策に反する。かかる協定は、非組合員たる労働者を他人の意思の暴虐の下にさらすものであり、彼が処分しなければならないもの、そして他の人々がオープン・マーケットから必要とするものを排除する独占を生み出すものである。

(2)　クローズド・ショップ協定が公の政策に反するか否かは、具体的な結果の発生によって判断すべきではなく、協定そのものが脅かそうとするもの、その害悪がもたらしがちなもの、そして、その中に一般の福祉を害する可能性があるか否かによって判断すべきである。

同じコネチカット州裁判所は、Associated Hat Mfs. v. Baird (1914)(4)において、「協約当事者たる使用者は、二つの例外を除き、ダンバリー地方の主要産業のすべての企業主を含んでいる」ということから、前記Connors v. Connollyを援用し、「かかる協約は公の政策に反し無効」と判示しているが、Cohn & Roth Electric Co. v. Bricklayers Union (1917)(5)においては、同一の基準を適用しながら、全く逆の結論を出している。すなわち、同裁判所は、適格者である非組合員の多くは、当該地域において就労の機会を有しているがゆえに、非組合員たる従業員とともに働くことを拒否することは、使用者から被用者を選択する権利を奪うことにはならないという、このような状況の下に行われた組合の就労拒否を正当としたのである。

Campbell v. People (1922)(6)において、コロラド州裁判所は、鉛管工事業者組合と労働組合との組合員のみを雇用すべき旨の協定を営業の制限に当るとし、違法と評価した。同裁判所はつぎのようにいう。

「この協約は、労働のみに関する契約でも、またその目的が労働のみに関するものでもなく、それは、労働に関する契約を通じて、コロラド・スプリングス（地方）における鉛管業をコントロールすることを目的としている。われわれは、この行為が商品取引を制約するのみならず、競争を制限し、そして営業に対するコントロール、すなわち独占を達成しようとするものであったと考える」。

また Polk v. Cleueland Ry. Co (1925)(7)においても、全市にわたる軌道会社の締結したクローズド・ショップ協定が違法とされている。同判決は、つぎのように述べる。

「使用者が組合員のみの雇用に同意する契約は、それが特定地域のかなりの部分の全産業を含み、その結果、その地域において、労働者が組合に加入することなく自己の職業を遂行することを妨げ、またはよりよい条件で職につくことを妨げるような場合には、公の政策に反する(8)」。

したがって判例法上は、クローズド・ショップは、それが労働組合に独占力を与えない場合、すなわち一つの産業が、せいぜい数個の企業をまきこむにすぎない場合には、正当とされるが、全企業に拡がりをもつ場合には不当な営業の制限＝独占として違法とされたのである。

アメリカ法律協会の契約についてのリステイトメントも、クローズド・ショップ協定は、それが独占を生ぜしめるような効果をもつときには違法であるという見解をとっているように思われる。すなわち同リステイトメント五一五条の解説一八は、つぎのように述べる。

「組合員のみを採用する旨の労働組合との合意　かかる合意は、労働組合が非組合員から雇用の可能性を実質的に奪うような独占を有しないかぎり合法である」。

そして同解説一九は、さらにつぎのように指摘する。

「一定の都市またはその近効におけるほとんどすべての建築請負業者を代表する協会が、労働組合を代表する団体と組合員のみを雇用する旨の合意をなす場合、かかる合意は、建設労働を組合員に独占させる目的をもつものである。右の合意は、建設業における非組合員たる労働者から雇用の機会を完全に奪うような独占がなされている場合には違法となる」。

このような見解は、第一に、労働市場の独占と労働組合主義とをいかに調整するか、第二に、組合の行動の正当性評価の基準として用いられている「独占」という概念の内容はいかなるものであるか、という二つの新しい問題を提起する。

(1) いうまでもなく、労働組合は、長年にわたってその影響力を単一の職場をこえて拡大してきた。特定の産業全体にわたる協約を締結し、あるいは労働力の供給を事実上コントロールするようになってきたのである。合衆国最高裁判所は、American Steel Foundries v. Tri-City Central Trades Council (1921)[9] においてつぎのように述べ、この点を正しく指摘している。

「ストライキは、資本と労働の共同の生産物の分配に関し、使用者と被用者間で行われる合法的経済闘争ないし競争上の合法的な手段となった。このような団結を効果的たらしめるためには、被用者達は、その団結を一つの工場(shop)をこえて拡大せしめねばならない。関連地域の同種の産業においてできるかぎり多くの労働者を組織化することは有用である。なんとなれば使用者間の競争上、使用者は必ず近隣の企業の賃金水準に影響をうけるからである。したがって、組合は、その組合員を拡大するためにあらゆる合法的な宣伝活動を、とくにその低賃金が、組合の足をひっぱっている労働者達に対して行うであろう」。

労働組合の交渉力は、その組織化の範囲と程度にかかわるものであるから、労働組合が労働市場を独占しようと試みることは極めて自然なことである。もしも組合の目的が合法であり、労働組合運動のこのような傾向に対してなんらの異議がないならば、クローズド・ショップ協定は、特定地域の特定産業のすべてではなく、そのうちの若干をコントロールするときにのみ正当とされると解するのは極めて奇妙なことではなかろうか。この点については、当時、ニューヨーク州裁判所のみが、特定産業の全てに影響を与えるクローズド・ショップも正当としていたが、論理的にはこの見解の方が正しいといわねばならないであろう。

(2)　さらに、当時の裁判所は、クローズド・ショップ協定が特定産業の全部をカバーしているか、または組合が特定地域にわたる拡がりを有しているときに「独占」が成立していると判断しているように思われる。これらのケースにおいては、組合がすべての労働者に対して門戸を開放しているか否かは検討されていない。たとえクローズド・ショップが特定地域の特定産業の若干をカバーしているにすぎない場合でも、もしも組合が閉鎖されているならば、独占されているというべきである。なぜならば組合に加入する権利は、基本的人権の一つとして絶対的に保護さるべきであるからである。

この点に関し、不法行為に関するリステイトメント八一〇条はつぎのように述べているが、妥当な見解というべきである。

「労働組合の組合員ではないという理由で被用者の解雇を集団的に要求する労働者達は、もしも当該被用者が組合加入を欲しているにもかかわらず、相当な期間内に組合に加入せしめないならば、当該被用者に対して（不法行為の）責を負う」。

同七八八条は、クローズド・ショップはそれ自体正当な目的を有するものであるが、つぎのような場合には正当性を失うと述べる。

「制限の要求が、組合員の就労もしくは組合員の維持増加ないしは組合による合理的な規制にあるのでなく、他の者を排除して、現組合員の特権を独占することに向けられている場合」。

さらに、グレゴリー教授は、つぎの点を指摘する。(10) すなわち、クローズド・ショップないしユニオン・ショップが、特定の州における法律によって違法とされていないのであるならば、州裁判所は、クローズド・ショップを獲得し、もしくは履行するためのストライキを違法とすべきではない。クローズド・ショップは、特定の営業の場所における雇用の機会を組合がコントロールしようとするものであるがゆえに、クローズド・ショップ・ストライキは、コモン・ロー上の問題として違法となしえないように思われる。それは、原理的に、経済団体がより優越的な経済力の行使を通じて市場をコントロールしようとするのと異なるものではなく、かかる経済団体による経済的強制は、通常、裁判所によって正当とされてきたのである。同じ団結の自由と効果的な市場統制を行うための経済力の行使は、労働者にも認めてしかるべきである。この許容が消費者に害悪を惹起せしめるならば、唯一の可能な救済は、立法によるべきである。

Williams v. Quill (1938)(11) において、ニューヨーク州裁判所も、グレゴリー教授と同じ意見を有していることをつぎのように明確に述べている。

「もしも、労働者団体による特定産業における労働市場の独占に弊害があるならば、それは裁判所によってではなく、立法府によって考慮さるべきことがらである。なぜならば問題には二つの側面があり、他の側面において、労働者の団体は、かかる契約ないしは交渉の手段により、その代表性を強め、また団体交渉を効果的になしうるからである」。

以上がワグナー法制定以前のクローズド・ショップの法的地位であった。すなわちクローズド・ショップないしユニオン・ショップ協定そのものは一般的に合法なものとして受入れられていた。また、労働者の労働力を自由に売る権利、ないし使用者の労働力を買う自由を侵害するようなクローズド・ショップ協定に対する非難攻撃も、それが組合員に明確な利益をもたらすという理由でいくつかの裁判所においては却けられた。

しかし、多くの裁判所は、クローズド・ショップ協定のゆえに職を失い、あるいは職をうることのできない非組合員に対する現実の侵害、ないしは侵害に対する危険性には極めて敏感であった。そしてこれらの裁判所は、個人の権利と団体の目的との不可避な利益の衝突を少なくすることを試みた。裁判所は、個人に対する害悪も組合の目的達成には附随的なもの、すなわち競争には必然的な出来事であるという考えはとらなかった。裁判所は、共謀の法理に似たアプローチを採用し、悪意（malice）の観念、すなわち「優越的動機」（dominant motive）はなんであるかを探求しようとしたのである。もしも組合活動が組合の利益に向けられているのではなく、非組合員に向けられていると認定されるときには、非組合員の解雇を要求する協約は違法であり、かかる協約の履行を求めるストライキもまた禁止すべきものとされたのである。

もちろん、かかる「動機」の認定は高度に主観的なものであり、多くの裁判例が示すように、裁判官の個人的な偏見がその判断に忍びよることは否定し難いところであった。(12)

（1）　30 F. Supp. 77

（2）　183 N.Y. 207.

（3）　86 Conn. 641.

（4）　88 Conn. 332.
（5）　92 Conn. 161.
（6）　72 Colo. 213.
（7）　20 Ohio. App. 317, 151 N.E. 808.
（8）　同旨、Birmingham Plant Co. v. Crampton, 39 S 1020（ALR 1905）; Harper v. Local Union, 48 SW 1033 (1932).
（9）　257 U S 184, 42 S Ct 72.
（10）　Charles O. Gregory, Labor and the Law, 2d. ed. 1958, p 115.
（11）　277 N.Y. 1, 12 N.E. 2d 547.
（12）　これまでのしめくくりとして、ここでクローズド・ショップに対する合衆国最高裁の態度を概観しておくことにしよう。

クローズド・ショップそれ自体の正当性ないしは、いわゆるクローズド・ショップ・ストライキの正当性の問題は、直接、同最高裁の審査には服していない。しかしいくつかの関連する裁判例の中から、われわれは、同最高裁がクローズド・ショップ協定に必ずしも好意的な態度をとっていないことをうかがうことができる。すなわちクローズド・ショップの原理が含まれている組織化のためのストライキ、ないしは組織防衛のためのストライキに関連するいくつかのケースにおいて、最高裁はかかるストライキを違法としているのである。

例えばダンバリー帽子工事件（Loewe v. Lawlor, 208 U.S. 274, 28 Sup. ct. 301,（1908））において、組合が組織化のために非組合員の製作した帽子の不買を呼びかけることが不当な取引制限であるとされたし、ヒッチマン石炭会社事件（Hitchman Coal Co. v. Mitchell, 245 U.S. 229, 38 Sup. Ct. 65（1917））においては、黄犬契約を破棄して組合に加入するよう労働者を説得することが違法であるとして差止命令を認容している。またデュプレックス印刷機械会社事件（Duplex v. Deering, 254 U.S. 443, 41 Sup. Ct. 172（1921））においては、組合との団体交渉を拒否した会社の印刷機を運搬しないように他の組合に呼びかけることが違法とされ、ベッドフォード石材会社事件（Bedford Cut Stone Co. v. Journeymen Stone Cutters' Association, 274 U.S. 37 (1927) においては、組合員を非組合員に代え、会社支配組合を設立させた使用者に反対して、全組合員が、このような「下当な」石材の加工を拒否するように呼びかけたことが、違法と評価されている。

三　立法的解決――クローズド・ショップに対する連邦政府の政策

すでにみてきたように（「一三　初期クローズド・ショップの法律問題」）労働組合の存在それ自体は、一八四二年のハント・ケース(1)以来法的に確立されていたが、同事件において用いられた「目的および手段」の理論は、労働組合の行為における動機の解釈について、個々の裁判官に大きな巾をもたせるものであった。多くの裁判所は、クローズド・ショップないしユニオン・ショップを獲得し、またはその履行を求める組合の行為を制約するために、あるいは目的が違法であり、あるいは手段が違法であるとして差止命令を発したのである。

そのうえ、本来、営業の独占を規制するために制定された一八九〇年のトラスト禁止法は、裁判所の解釈により労働組合の活動を規制するものとして用いられるようになった。クローズド・ショップ・ストライキは、トラスト禁止法によって禁止された独占に当るとして違法視された。すなわち、コモン・ロー上の共謀の法理に代って、シャーマン法による独占およびその共謀の法理が登場するようになったのである。合衆国最高裁は、前出ダンバリー帽子工事件(2)において、シャーマン法が労働組合にも適用されることを明らかにし、またデュプレックス印刷機械会社事件(3)およびベッドフォード石材会社事件(4)において、クレイトン法の「労働は商品ではない」という規定は、シャーマン法の適用を免除せしめるものではないことを明らかにしている。

一方、使用者側のクローズド・ショップないしユニオン・ショップに対する敵意――実際は――労働者の団結そのものに対する敵意は、黄犬契約という新しい工夫を生ぜしめた。使用者達は、その従業員および従業員になろうとする者に対し、雇用の存続するかぎり組合には加入しないという個別契約に署名することを要求したのである(5)。黄犬契約のテクニックは、主としてオープン・ショップを獲保するために用いられた。もしも労働者が強要された黄犬契約に反して外部の組合に加入し、あるいはストライキや集団的行動に参加するときには、使用者は、直ちに裁判所に対し、黄犬契約に反する行為、および企業外の組合の活動を禁止する差止命令の発布を求めた。組合員の組織化と組合員の維持を妨げる差止命令により、労働者達のストライキによって組合の承認を求める努力、換言すれば、クローズド・ショップの原理を求める企業外の組合の活動が妨げられたことは当然である。当時の労働組合が抱いていた最大の不満はこの点に在った。

しかし、労働者の団結に対するこのような障害にもかかわらず、労働者の組織は産業の発達とともに拡大していった。アメリカの組織労働者は、トラスト禁止法の労働組合への適用に対して激しい反対運動を展開したのである。その成果の一つとして一九一四年にはインジャンクションを制約するクレイトン法（Clayton Act）が制定された。同法は、ＡＦＬの会長ゴンパースをして「労働者のマグナカルタ」といわしめたほどに高く評価されたのであったが、裁判所の解釈により事実上骨抜きにされたため(6)、一九三二年には改めてノリス・ラガーディア法（Norris-La Guardia Act）が制定された。同法は、正当な団体交渉をなすための団結ないし代表者選出の自由を労働者に保障するとともにこれに対する使用者の干渉を排除すべきであるという公の政策を明らかにし、黄犬契約の禁止、正当な争議行為に対する差止命令の発布の禁止を規定した。

すなわち同法第二条は、連邦政府の公の政策としてつぎのような基本原則を宣言している。

「現経済条件の下においては、個々の未組織労働者は、通常、契約の実質的自由を行使し、労働の自由を守り、それによって適正な雇用条件を獲得することができない。それゆえ、未組織労働者は、その仲間と団結することを拒否する自由をもつべきであるが、その雇用条件について交渉するために、団結し、自己の選ぶ者を代表に指名する完全な自由を有する」。

しかし右の宣言それ自体では、連邦政府が個々の労働者の「組合に加入しない自由」を認めたのか、あるいはクローズド・ショップを承認したのかは、必ずしも明確ではない。この点を明らかにするためには、同法の立法過程から、立法者の真意を把握することが必要である。

一八九八年に連邦議会によって設置された産業委員会（United States Industrial Commission）は、一九〇二年の報告において、南北戦争以降の産業関係の記録を調査した後、クローズド・ショップを認めることを明らかにしている。同委員会は、低い賃金の未組織労働者と組合員との対立は、必然的に使用者をして前者の雇用に赴かせ、その結果、組合員は、職をうるために組合を去ることを余儀なくせしめられ、ひいては組合が壊滅させられることを認めた。このような論理的な結果を示しながら、同委員会はつぎのようにいう。

「もしも組合が競争関係に立つ者をその戦列によろこんで受入れるならば、何人も、彼が組合に加入しないかぎり組合員が彼とともに働くのを拒否するがゆえに、絶対的に仕事を奪われたといって異議を申立てることはできない(7)」。

また合衆国産業関係委員会（United States Commission on Industrial Relations）は、一九一五年の報告書において、クローズド・ショップ協定を正当化しつつ、つぎのように述べる。

「本委員会は、使用者が組合と組合員のみの雇用――使用者はそれについて道義的並びに法的権利を有するのであるが――を定める協約を締結した場合、非組合員たる労働者は、使用者が自己を満足させるという理由の下に他の製造業者の製品を購入したとき特定の製造業者が使用者を非難する理由をもたないのと同様に、彼の雇用を拒否した使用者を非難する理由を有しないと考える(8)」。

右の特別委員会および常置委員会の見解が、裁判所の判決と同じように、後の委員会の意見によって変更されるまでは権威をもつことはいうまでもないであろう。

さて、一九二九年一〇月、ウオール街の株式市場の大暴落に端を発した大恐慌は、永遠の繁栄を信じて疑わなかったアメリカ社会のすべての階層に甚大な打撃を与えた。工業生産は五三％に減退し、物価は四〇％の下落をみせた。失業者は一九二九年の二九〇万人に比し、三四年にはその五倍に達し、実質賃金は一九二〇年に比し八四・二％に下落した。飢餓と失意にうちひしがれた人々は、不況克服に対する政府の積極的な行動を希望し、企業統制の強化を望んだのである。このような国民の支持の下に、アメリカ経済は伝統的な自由経済から統制経済へと一大転換を余儀なくされたのである。一九三二年の大統領選挙には、国民の熱狂的支持をえてルーズベルトが当選した。彼の掲げたプログラムは、絶大な期待の下にニラ法（全国産業復興法 National Industrial Recovery Act）となって現われた。恐慌克服策としての同法は、一方において国民の購買力の増強をはかるとともに、他方、生産の組織化を行うことによって慢性的過剰生産を克服しようとするものであった。生産の組織化のために、まず企業を強制カルテルによって組織化し、価格―生産の統制を行う一方、労働者の組織化を保護助長し、団体交渉権を肯定することによって賃金の不当な切り下げを防止し、労使間に公正な協約を結ばせ、購買力の増大をはかり、もって資本主義経済の円滑な運行に寄与させようとしたのである。

このようなニューデールの政策やノリス・ラガーディア法の制定により、組合の組織化が進んだ。ＡＦＬが一九三二年の二三二万人から三四年には三〇三万人に組合員を増加させているのはその間の事情を示すものである。かかる組合運動の昂揚に対抗して、使用者側も活発に使用者団体の組織化を行うとともに、ニラ法には会社組合の結成をはばむ条項は全くないと主張して会社組合の育成にのり出し、従業員代表制やオープン・ショップ制を強く主張した。このような使用者側の態度に組合側は強い反発を示し、ニラ法制定後一月足らずしてストライキが激発した。

この事態を打開するため、大統領は、一九三三年八月上院議員ワーグナーを議長とし、労使各代表者三名から成る全国労働局（National Labor Board）を設置し、紛争の調整に当らしめることにした。ＮＬＢは、紛争の原因の大部分が使用者の組合否認、団交拒否にあることを知った。そこでＮＬＢは、被用者代表を選任するための投票を行わしめ多数の被用者の支持を獲得した組合に、使用者との排他的交渉権を認めることにより紛争を解決しようとした。

ＮＬＢの数カ月の経験により、ワグナーは、問題の解決は、法的権威と命令を執行させる権限をもった準司法的機関をつくることにあると考え、翌三四年二月に、ニラに代る法案を提出した(9)。しかし使用者側の反対が強く、議会通過の見通しがたたなかったため、妥協の産物として同年六月公共決議四四号（Public Resolution 44）が採択され、これに基づき第一次全国労働関係局（The First National Labor Relations Board）が設けられた。同法は、ニラ法七条(a)より生ずる労使間の紛争の調査、交渉代表選挙の実施等をその役割とした。

しかし同局も、ＮＬＢと同じく裁定を執行する権限を有しなかったため、ワグナーは、翌三五年二月、再び法案を提出した。同年五月、ニラ法違憲の判決(10)が出されるにおよび、当初はむしろワグナー法案に冷い態度をとっていたルーズベルト大統領も法案支持へと変り、議会も、ニラ法失効後の低賃金、長時間労働の復活をおそれて、法案はほぼ原案どおり可決された。一九三五年七月、全国労働関係法（Natioal Labor Relations Act）、通称ワグナー法がここに成立することになったのである。

ワグナー法は、個々の労働者は使用者と平等の交渉力を有しないこと、そして公共の福祉（public welfare）は、交渉力の平等を要求していることを公に承認するものであった。立法過程において、ワグナー法は「契約の自由の前提である交渉力の平等」の確立を目的とすると述べられているのは、このことを示すものである。[11]

ワグナー法は、クローズド・ショップないしユニオン・ショップという形式による組合の安定（security）を認め、使用者の不当労働行為制度を設けることにより、組合に強力な支援を与えるものであった。ワグナー法制定当時、議会はクローズド・ショップ協定の存在を意識していたということができる。なぜならば、前NLRB委員長のウォーレン・マダン（J. Warren Madden）が「クローズド・ショップとチェック・オフは、わが国において、長い、そして多くの点において有用な歴史を有していた」と述べているからである。[12]

そしてまた公聴会の席上、組合指導者のシドニイ・ヒルマン（Sidney Hillman）がつぎのように述べていることからして、議会はクローズド・ショップないしユニオン・ショップの意味もまた熟知していたということができる。

「これらのメカニズムは、団体交渉の手続において重要な地位を占め、長年の経験を通して発展せしめられたものであり、労使双方にとって有用であることが明らかにされている。私の意見によれば、誠実な団体交渉の継続的歴史を有する使用者は、ユニオン・ショップおよびチェック・オフの規定を組合との協約に含めることを理解し、これを受け入れてきた。ユニオン・ショップおよびチェック・オフを違法とすることは、建設的かつ協調的な労働関係の維持に深刻な危害を加えるものであると確信する[13]」。

ワグナー法においては、クローズド・ショップないしユニオン・ショップはつぎのように扱われている。

「第八条　つぎの行為を使用者の不当労働行為とする。

(3)雇入れ、雇用の継続、もしくは雇用の条件に関して差別的取扱いを行うことにより、労働組合の組合員たることを奨励しまたは妨害すること。ただし、この法律、またはニラ法……もしくは他の合衆国のいかなる成文法も、使用者が、(適正交渉単位内の)被用者代表である労働組合と、雇用の条件として当該組合員たることを要求する協約を締結することを妨げるものではない」。

この規定は、クローズド・ショップないしユニオン・ショップ協定を合法とするものである。なぜならば、このような強制的な手段により、使用者が「組合員たることを将励する」ことが不当労働行為と解釈されてはならないと規定されているからである。

もちろん、同法は直ちに挑戦をうけた。使用者側は、労働者の権利のみを一方的に保護するワグナー法は、連邦議会の権限外であり、「正当手続」、「契約の自由」を保障する憲法の諸条項に違反するゆえに違憲無効であるとして、公然とこれを無視する態度に出た。いくつかの下級審では違憲の判決さえ出された。しかし一九三七年四月、ジョーンズ・ローリン事件[14]において、合衆国最高裁は、五対四というきわどい数ではあったが、同法の合憲性を確認した。

同判決は、州際通商を圧迫し妨害するおそれのあるものはすべて憲法の通商条項により連邦議会の立法権限に属するし、また使用者がその営業を組織し、役員を選択する権利をもつと同様に、労働者も合法的目的のために団結し、代表を選択する権利を有する、労働者の右の権利の自由な行使を妨害する使用者の差別的取扱や抑圧を、権限ある立法機関が禁止することは契約の自由ないし正当手続には違反しない、それは一方の憲法上の権利の侵害ではなくて双方の権利の承認であると判示した。

ここに、強制組合主義の合法性が、初めて立法による承認をうることになったのである。(15)

（1）Commonwealth v. Hunt, 4 Metcalf, 111 (Mass. 1842).

（2）Loewe v. Lawlor, 208 U.S. 274, 28 Sup. Ct. 301 (1908).

（3）Duplex v. Deering, 254 U.S. 443, 41 Sup. 172 (1921).

（4）Bedford Cut Stone Co. v. Journeymen Stone Cutters' Association, 274 U.S. 37 (1927).

（5）Hitchman Coal & Coke Co. v. Mitchel, 245 U.S. 229 (1917) において、合衆国最高裁は、黄犬契約の合法性を認めている。

（6）Duplex Printing Co. v. Deering, 254 U.S. 443 (1921).

（7）Final Report of the Industrial Commission, 1902, vol. xix p. 817, H. Doc. No. 380, 75 th., Cong., 1st Sess. (1901-1902).

（8）Final Report of the United States Commission on Industrial Relations (Washington D. C. 1915), pp 427-428.

（9）この時期の立法過程の詳細な研究については、I. Bernstein, The New Deal Collective Bargaining Policy, 1950 参照。

なお H. Keyserling, The Wagner Act (its Origin and Current Significance); J. W Madden, The Origin and Early History of the NLRB, The George Washington L. R. vol. 29, No. 2 (1960) にも、当時の立法に参画した著者達の経験が述べられている。

（10）Schechter Paultry Corp. v. U. S., 295 US 495 (1935).

（11）Senate Report No. 573, National Labor Relations Board, 74th Cong., 1st Sess. (1935), p. 1.

（12）Hearing before the committee on Education and habor on S. 1000, S. 1264, S. 1550, S. 1580, and S. 2123, 76th Cong., 1st Sess. (1937), p. 2091.

（13）　Id., p. 3797.
（14）　NLRB v. Jones & Laughlin Steel Corporation（301 U.S. 1（1937））.
（15）　紙数の関係上詳しくふれる余裕をもたないが、鉄道労働法においては、一九三四年の改正法二条により、組合保障制が禁止された。しかし、もともと運転部門の組合は組織化が進んでいたためかクローズド・ショップを要求したことがなかったし、むしろ組織化の遅れている工場、事務、貨物取扱等の部門で会社組合の組織化が進むのをおそれた組合側がこれに賛成したためであるといわれている。Toner and Ryan, op. cit., pp 93-114. しかしその後、鉄道関係の組合も、かかる禁止に不満をもつようになり、クローズド・ショップを要求し始め、一九五一年にはユニオン・ショップとチェック・オフを承認する旨の法改正が行われている。

四　ワグナー法下のクローズド・ショップの法理

一般的にいえば、ワグナー法の制定によりクローズド・ショップないしユニオン・ショップが合法とされてからも、使用者の強制組合主義に対する敵意は変るものではなかった。しかし一部の使用者は、クローズド・ショップに対し、むしろ好意的な態度を示し始めた。

当時少なからぬ使用者は、企業外の組合の組織化を防止するために、管理職をも組合員とする「会社組合」（company union）を企業内に設立させ、これを意のままに自由に操っていたが、このような場合には、使用者は組合とユニオン・ショップ協定を締結することに、いささかのためらいもみせなかった。使用者達は、労働者を会社組合に強制的に加入させる手段としてユニオン・ショップ協定を利用したのである。ＮＬＲＢ（全国労働関係委員会）の記

録には、このような事例が数多くみられる

いうまでもなく、ワーグナー法の下においては、会社支配組合と締結したユニオン・ショップ協定は違法とされている。組合が「会社に支配されている」と認定された場合には、以後その組合は、被用者の代表としての資格を失う。すなわち会社組合の締結した協約が破棄命令をうけるばかりではなく、会社支配組合そのものが解散命令という死刑の宣告をうけたのである。一九三九年三月までに、NLRBは、会社支配組合の締結した六二の協約を取消している。(1)

このような法的な規制およびNLRBの厳格な態度に直面した使用者は、他のテクニックへと向って行った。すなわち、彼等は、クローズド・ショップを、彼等が「反アメリカ的」で「共産主義者の影響をうけている」と呼ぶCIOの影響力から企業並びに被用者を守るために使い出したのである。CIOは、熟練工中心の職業別組合主義をとるAFLの組織方針に不満をもつものが一九三八年にAFLから分離独立してつくった全国中央組織であるが、ワグナー法の庇護をうけて独立以来目ざましい躍進をとげ、一九四〇年には、AFLの四三七万人対し、早くも三六二万人を組織している。AFLが熟練工の利益を中心に職能別の縄張りを守ろうとしたのに対し、CIOは、産業資本主義の進展とともに生み出された厖大な未熟練労働者を中心とし、進歩的、戦闘的な組合運動を展開したのである。使用者が、比較的穏健かつ保守的なAFL系の組合を「より少い害悪」(lesser evil) として選ぼうとしたのは、ある意味では自然のなりゆきといえるであろう。数十年にわたってAFL系の組合に対しクローズド・ショップ協定を締結することを頑なに拒否していた使用者が、突然、降伏したという事例がいくつかみられるが、それは、他の動機によるというよりは、CIOに対する脅怖によるといわれている。(3)

このように、使用者達は、それが自己の利益になるときには、クローズド・ショップに反対するものではなく、また真の労働組合主義を破壊するためにはクローズド・ショップをもよろこんで採用することが明らかにされた。一方、AFL系の組合は、分裂による感情的な対立もあり、CIOの抬頭によって地盤が切り崩されることをおそれ、ますます強くクローズド・ショップないしはユニオン・ショップを要求するようになった。CIOとの敵対関係の中にあって、クローズド・ショップは、最も簡易な、そして最もスピーディな組織化の手段であったからである。しかし、同時に、この組織化の手段は、「会社後援組合」(company sponsored union) を推進する手段へと堕落する危険性をも有した。ある意味では、クローズド・ショップないしユニオン・ショップは、「諸刃の剣」(two-edged sword) と化すことが明らかになったのである。

CIOとAFLの対立の激化につれて、この種の紛争が増加した。[4] これに対し、NLRBは、あるいは協約締結時にAFL系組合が多数を占めていなかったという理由で、あるいはその目的が他の組合を閉め出す共謀に当るがゆえにワグナー法に違反するという態度を示した。

最初のこの種の事件は、National Electric Products Corporation case (1937)[5] である。ペンシルバニヤ州アンブリッジの同会社においては、一九三六年にCIO系の組合(United Electrical and Radio Workers of America Local No. 609) が設立されたが、翌一九三七年三月、AFL系の組合 (International Brotherhood of Electrical Workers, Local No. 1073-B)は、会社側の支援をうけて切り崩しのためのキャンペーンを開始した。その一つとして、AFL系組合は、多数を占めているという証拠もなく、またCIO系組合が実質的には多数を占めていると主張しているにもかかわらず、クローズド・ショップ協定を締結した。会社は従業員に対しCIO系の組合には加入しないように呼びかけ、この警告を無視した者を解雇した。NLRBは、かかる協約は、会社側の不当労働行為によって援助をうけている組合の締結したものであるがゆえに無効であるとし、被解雇者に復職命令を出している。

また Serrick Corporation case (1938)(6) においても、会社がＡＦＬ系の組合と締結したクローズド・ショップ協定に対し、取消命令が出されている。事案は、インディアナ州のマンシーにおける同会社工場で、一九三七年にＣＩＯ系の組合 (International Union, United Automobile Workers of America, Local No. 459) が組織されたとき、会社は、ＣＩＯを企業外に放逐するために、従来の会社支配組合を解体し、ＡＦＬ系の組合 (International Association of Machinists) の組織化を、例えば就業時間中の組合活動を認めるとか、従業員をＡＦＬ系組合に加入するよう説得する等の方法で援助するとともに、これとクローズド・ショップ協定を締結し、ＣＩＯ組合の戦闘的分子を解雇したというものである。ＮＬＲＢは、当該クローズド・ショップは、会社の積極的な支援によって結成された組合の締結したものであるとしてその効力を停止する命令を発している。

会社側はこれを不服として争ったが、結局、合衆国最高裁も、ＮＬＲＢの命令が、ＣＩＯ系組合設立のとき、ＡＦＬ系組合組織化のために使用者が援助を与えることにより不当労働行為を行っているという証拠に基づいて発せられたものであり、これに対し適切な救済方法を決定するのはＮＬＲＢの権限に属するとし、ＡＦＬ系組合とのクローズド・ショップ協定の効力の停止を使用者に命ずることは適法であると判示した。(7)

さらに Electric Vacuum Cleaner Company case (1939)(8) においても、ＮＬＲＢは、使用者の気に入るＡＦＬ系の組合に違法な援助を与えるキャンペーンの一つとして締結したクローズド・ショップ協定にいかなる効力も与えてはならない旨の救済命令を発している。

一九三九年三月までにＮＬＲＢは、一六のクローズド・ショップ協定の効力を停止すべき旨の救済命令を発しているが、その中の一五はＡＦＬ系の組合の締結したものであった。(9)

つぎに、ＡＦＬ系の組合が自主性を有し、適法な代表性を有して、クローズド・ショップ協定が有効とされた場合であっても、このようなクローズド・ショップ協定が、専ら敵対組合を閉め出すために用いられることができるかという問題が生じる。

これに対するＮＬＲＢの回答は、Rutland Court Owners, Inc. case (1942) において明らかにされた。この事件は、コロンビア特別区の協同組合住宅業者にかかわるものである。管理職を除く七人の従業員は、ＡＦＬ系の組合 (Building Service Employees International Union, Local 82) に加入した後、一九三九年にクローズド・ショップ協定を締結した。しかし同組合に不満をもった六人の者は、同年一二月に、ＣＩＯ系の組合 (United Construction workers Organizing Committee, Local 120, Building Service and Maintenance Employees) を代表に選んだ。そのうちの一人は、組合費を支払わず、かつ紛争を惹起したというＡＦＬ組合の申出により解雇された。またＡＦＬ組合の代表者は、使用者の面前で残りの者に対し、翌年度の代表選出について質したが、四名の者はＡＦＬを再指名することを拒否したため、翌日解雇され、その代りにＡＦＬ系の組合員が雇用された。そこでＣＩＯ系の組合が不当労働行為の申立を行ったのが本件である。

ＮＬＲＢは、本件解雇とクローズド・ショップは違法であるとし、会社に対し、バックペイ付きの復職命令と、同局により代表性が証明されるまでの間ＡＦＬ系組合を認めるのを中止すべき救済命令を発した。ＡＦＬ系の組合は、審問に際し、ＮＬＲＢは、交渉代表の選任権並びに代表を変更する権利に力点をおくべきではないと主張した。すなわち、彼等は、ワグナー法の第一の目的は、協約を締結させ、それを維持することにある、組合に不満を有する者は他の組合に走ることなく、自己の組合を改革すべきである、そしてクローズド・ショップを締結している組合は、他の組合を支持する組合員を除名する権利を有する、原告らはクローズド・ショップ協定の下において、二重組合主義に走ったがゆえに除名され、解雇されたのであると主張した。

しかしＮＬＲＢは、「クローズド・ショップに関する規定は、ワグナー法から独立したものではなく、法の政策目的および全規定の中で解釈さるべきである。ワグナー法の明示の目的は、被用者の団結する権利および自由に代表者を選ぶ権利を保障することにある。」としてＡＦＬ系組合の主張を却け、クローズド・ショップ協定は、将来の団体交渉の新しい代表者を選定する法律上の権利を行使したことを理由に除名された労働者を使用者が解雇することを正当化するものではないと判断した。すなわちＮＬＲＢは、「ワグナー法の基本的政策の有効化は、労働協約の期間満了時に、使用者からの解雇の脅威なしに労働者達が組合加入を変更しうることを要求している。」と結論づけたのである。(11)

この種の問題に関する他の重要なケースは、Wallace Corp. case (1943)(12) である。事案は、ウェスト・バージニア州の製材工場において、ＣＩＯ系の組合 (Local Union No. 129, United Construction Workers Organizing Committee) が組合の承認を求めてストライキを行ったところ、その間会社側の援助により無所属組合(Richwood clothespin & Dishworkers' Union) が結成された。ストライキは、新たに従業員の投票を行い、いずれか勝った組合と会社がクローズド・ショップ協定を締結するという合意の下に終結し、約束どおり投票が行われたが、無所属組合が僅少差で勝ち、会社はこれとクローズド・ショップ協定を締結した。無所属組合は、工場からその組合の利益に反対する者を閉め出すことを意図し、自己の組合と両立し難い「アジテーター」である四三名の旧ＣＩＯ系組合の者の組合加入を拒否し、会社はクローズド・ショップ協定に基づいてこれを解雇したため、これらの者が不当労働行為の申立におよんだのが本件である。ＮＬＲＢは、会社は無所属組合に違法な援助を与え、差別的取扱を行ったと判断した。すなわち、ＮＬＲＢは、使用者はクローズド・ショップ協定が「以前の組合活動のみを理由としての被用者に対する差別的取扱を行う手段」として用いられることを知っている場合には、これを締結してはならないことを明らかにしたのである。

合衆国最高裁も、また、ワグナー法の規定に基づいて選出された交渉代表は、自己の組合を代表するだけではなく、すべての被用者を公正に代表しなければならないという重要な原理を樹立しつつＮＬＲＢの判断を支持した。すなわちワグナー法は、労使関係から差別的取扱を除去することを目的としているがゆえに、クローズド・ショップを容認する法の規定は、使用者と並んで多数組合が、少数グループからワグナー法上の権利を奪い、敵対組合の組合員である少数者を解雇しうるものと解釈されてはならないと判示したのである。(13)

以上のごとき命令および判例により、労働者が報復をおそれることなく交渉代表を再選出する権利を有することが明らかにされた。敵対組合のための活動が保護さるべきであること、クローズド・ショップ協定が、以前の組合活動を理由とする差別的取扱の手段として使われてはならないことといったＮＬＲＢの判断は、正当なものと評価しうるであろう。クローズド・ショップないしユニオン・ショップは、もともと、使用者に対する関係で労働者の団結権を擁護しようとするものであったから、もしもクローズド・ショップ協定ないしユニオン・ショップ協定が、会社支配組合ないしは会社援助組合により、真の団結を破壊する目的で締結され、あるいは敵対組合を閉め出す手段として用いられるときには、当然に無効となるというべきである。しかしＮＬＲＢの見解は、むしろ、個々の労働者の交渉代表を選出する権利にアクセントがおかれているように思われる。そしてこのような見解は、個人の権利を保護していこうとする立法が後に現われることを予知させるものである。

（1）　National Labor Relations Board Releases 2747, 2432, 2383, 2297, 2301, 2201, 2069, 1949, 1846, 1786 等。
（2）　Report of Board in Senate Committee on Education and Labor, NLRB Hearings, 1939, Pt. 3, pp. 512–14.
（3）　Toner and Ryan, op. cit., p. 154.

(4)　クローズド・ショップに関する事件は、とくにＣＩＯの設立後、そしてＣＩＯとＡＦＬの対立の激化につれて増加していることの指摘については、Millis and Brown, op. cit., p. 431 参照。

(5)　3 NLRB 475.

(6)　Serrick Corp., 8 NLRB 621 (1938).

(7)　International Association of Machinists, Tool and Die Makers Lodge No. 35 v. NLRB, 311 U.S. 72 (1940).

(8)　18 NLRB 591.

(9)　Millis & Brown, op. cit., p. 205.

(10)　44 NLRB 587.

(11)　しかし、委員の一人である William M. Leiserson 博士は、つぎのような少数意見を述べている、「本解雇は、協約の条項に従ってなされており、それゆえワグナー法八条(3)の規定の下になされたものである。反対の結論に到達するために、多数意見は、有効な労働協約の規定の履行を差止めるという余計なことをやったことになる。本委員会は、以前にそのようなことはなしえないと判断しているのである。もしも法によって明らかに許容された有効なクローズド・ショップ協定が、望ましくない効果を有するのであれば、それを修正するのは議会であり、本委員会ではない。」

(12)　50 NLRB 138.

(13)　Wallace Corporation v. NLRB, 323 U.S. 248 (1944).

三　タフト・ハートレー法下のユニオン・ショップ制

一　タフト・ハートレー法の背景

1　世論の動向

アメリカにおける労働者の権利の拡大は、ニューディールの時期に始まっている。連邦政府は、ワグナー法の制定により、集団的労働関係の領域に新時代を画すべき一つの指針を与え、これを原動力として組合運動は大きな成長を遂げたのである。労働者の組織化は全国的に進み、労働者が組合に加盟していない産業はほとんどみられないくらいに労働組合主義が普及した。そして、労働組合の組織人員および力量の発展は、その後の産業の規模の拡大、戦時中の労働力不足、戦後の経済成長と雇用量の増大により促進されたのである。労働組合は、社会的にも市民権を獲得し、フランクリン・D・ルーズベルトを四度び大統領に再選させるほどの政治的な力量をもそなえるようになった。

しかしながら、一方において、公衆の組合に対する態度には、一つの変化が生じ始めた。第二次大戦直後には、戦時経済から平時経済への移行に伴ない、労働者のレイ・オフが生じた。そうでなくとも、戦争終結とともに超過勤務の必要性がなくなって、労働者の手取賃金は実質的に減少した。労働者は、時間当り賃金の増額を要求してストライキに入ったのである。このような労働不安、とくに一九四五年から四六年の鉄鋼、自動車、石炭、鉄道関係のストライキは、公衆をいら立たせた。消費物資の欠乏、肉の不足、住宅の不十分さ等に不満も抱いていた公衆は、生活難の原因の多くは、組合がその経済的武器を濫用するからにほかならないと考え始めた。すなわち、労働組合は、団体交渉のメカニズムを通じて、賃金、物価、生産、雇用量等、社会の諸利益に影響を与えうるがゆえに、これらの問題の解決についても責任を負うべきであると考えるようになったのである。

これらの公衆の反組合的感情は、ワグナー法に反対し、団結権の制約を主張する共和党の指導者層の巧みな世論操作により、次第に大きな渦へと仕立てられていった。ほんの一握りの傲慢で腐敗した組合幹部＝労働ボスのために、組合全体が非難された。イリアス・リーバーマンは、C・ライト・ミルズ教授の言[(1)]を引用しつつ、「一つの産業ないし一人の経営者の行う力の濫用や悪事については、産業全体ないし経営者全体が責任を問われることはないが、一つの組合ないし一人の組合幹部の行う力の濫用や悪事については、労働運動全体が責任を問われる[(2)]」と述べている。社会の、組合の行動に対する心情的な反応は、経営者側の行動に対するものとは異っているのである。しかも、大多数の復員軍人は、戦時中の軍需工場におけるストライキに憤慨し、かつ戦後の反組合的な宣伝に刺戟されて組合改革の側に廻った。「巷の人」は、今や組合のもつ強大な力を制約し、バランスをとることが「公益」(public interest)を守るために必要であると主張するようになった。

一九四六年の選挙は、共和党の勝利に帰した。共和党は、連邦議会を制覇し、思いのままの立法を推進することが可能になったのである。

（1）　C. Wright Mills は、その著“The men of power”（1948）の中で、「歴史的に労働組合およびその指導者達は、少数者の地位におかれていた。彼等の戦略は絶え間ない敵対的環境の中で編み出された。公の苦難も多く、彼等に対する公にされない憎悪も広くみられた。ある指導者は、『労働〔組合〕はこのような伝統を克服しなければならない。……アメリカの労働組合は心情的な平等を獲得していない。……公衆は、経営者の力の濫用よりも、労働者側の力の濫用について激怒する』」と述べている。

（2）　Elias Lieberman, Unions before the Bar, p. 349. 近藤＝佐藤訳「労働組合と裁判所」四〇七頁。

2　州法の動向

一方、タフト・ハートレー法の成立を促した他の要因として州法の動きに眼を向けなければならない。一九三五年のワグナー法により強制組合主義が法認されたとはいえ、そこには一つの落し穴が潜んでいた。すなわち、同法八条(3)但書は、「この法律……もしくは他の合衆国のいかなる成文法も、使用者が、(適正交渉単位内の)被用者代表である労働組合と、雇用の条件として当該組合員たることを要求する協約を締結することを妨げるものではない」と規定し、連邦政府が労働立法のすべての領域を先占（preempt）するものではないこと、したがって、州がクローズド・ショップないしユニオン・ショップ協定を禁止、または規制する法律を制定することを禁ずるものではないことを容認しているのである。(1)

ワグナー法制定直後から、ワグナー法の団結権保障機能を弱め、あるいは骨抜きにするための努力が州法の分野において開始された。とくに、第二次大戦勃発後は、軍需産業を中心とする戦時産業の興隆に伴なう組合の力の増大を制約するキャンペーンが、ワグナー法に対する反感と結びついて進められた。例えば、一九三八—九年には、オープン・ショップ協会の提唱により、太平洋岸においてストライキおよびピケッティングを制約する州法が制定され、一九三九年には、ウィスコンシンおよびペンシルベニヤにおいて、従来の「ベービー・ワグナー法」に代え、使用者と並んで組合にも一定の制約を課す新法が制定せられている。この種の「労使の力の平等化」を図る法律は、同年、ミシガンおよびミネソタにおいても制定され、一九四三年までには、一二の州が組合活動を制約する法律を採択するにいたっている。とくに、南部および西部の諸州は、使用者側の義務についてはなんらふれることなく、単に組合に対してのみ制約を課す新法を制定している。(2) そして、クローズド・ショップ協定を違法とする動きは、一九四四年のアーカンサス、フロリダ二州における修正憲法による勤労権 (right-to-work) 条項の新設、一九四五年のサウス・ダコタにおける法律の制定、一九四六年のアリゾナ、ネブラスカ、サウス・ダコタにおける修正憲法の制定となって現われた。戦後のあいつぐストライキは、組合に対する反感を強めた。このような風潮にのって、全国製造業者協会および合衆国商業会議所に加盟する使用者および使用者団体の反組合キャンペーンはクライマックスに達したのである。一九四七年には、三〇におよぶ諸州が組合活動を制約するなんらかの立法を制定するにいたっている。(3) クローズド・ショップ協定およびその他の組合保障条項については、一三州(4)が、修正憲法または法律によって禁止し、他の四州(5)は、被用者の投票を要件として認め、三州(6)は黄犬契約とともに公の政策 (public policy) に反し、その履行を訴求しえない旨を明らかにしている。そして、六つの州(7)は、組合保障条項に基づく不当な組合加入拒否並びに除名に対する法的保護をも規定しているのである。

不当労働行為の領域においては、労働者の団結権を保障し、専ら使用者に対してのみ義務を課すワグナー法タイプの州法は、僅かに三州(8)にみられるにすぎず、他の七州(9)は、多少なりとも労働者または組合の不当労働行為を含み、四州(10)では、大幅な組合の不当労働行為のリストを掲げている。

労働争議に関しては、ピケッティングの正当性が合衆国最高裁の判決(11)によって確立されているにもかかわらず、多くの州では、ピケッティングおよびボイコットを制約する努力が続けられた。これらの州法のあるものは無効とされ、あるものは無効の疑いがあるとされた[12]。しかし、多くの州では、法令集にそのまま残され、組合の団体行動に対する脅威となり、ときには、制約の武器となったのである。

組合の運営については、一二の州[13]が組合の登録および一定の情報の提供を義務づけている。そして、組合役員の選挙は、三州[14]において規制され、とくに、フロリダ、テキサス、カンザスにおいては、組合幹部（union agent）に免許証の取得を義務づけている[15]。また、五州[16]においては、組合の政治献金が禁止されている。

しかしながら、これらの州法についてその内容に立ち入り、評価を行うことは、ここでの課題ではない。われわれの関心は、これらの反組合的な州法の動向が同様の立法を連邦議会においても制定すべきであるという潮流に合流して行ったという事実である。組合活動を制約しようとする一連の州法は、すでにみてきたように、農業または産業の未発達な州において制定されたものであった。これらの州においては、組合の組織化が遅れ、団体交渉が十分に展開されていない状態にあったがゆえに、未然にこれを防止するための措置が必要であったともいいうる。しかし、ワグナー法の落し穴の生んだ州法の流れは、全国的なレベルにおける労働政策の変革を既成事実として迫るものであったのである。

このような第二次大戦後の反組合的世論、および州レベルでの経験に支えられ、ワグナー法の改正が行われた。

（1）　ワグナー法の審議に際し、Senate Report は、「法案は、クローズド・ショップ協定を違法とするかも知れない州においても、同協定を促進し、あるいはこれを合法とするものではない。法案は、この議論の多い問題につき、現状に干渉しようとするものではなく、協定の今後の法的な扱いに道を開けておこうとするものである。」と述べ、同様に House Report も「法案は、クローズド・ショップ協定を違法とするかも知れない州において、それを合法とするものではない。」と述べている。

(2) この間の事情については、Millis and Brown, From the Wagner Act to Taft-Hartley, p. 317 参照。

(3) "State Labor Legislation in 1947," Monthly Labor Review, 65 (1947), pp. 277-84.

(4) アリゾナ、アーカンサス、フロリダ、ネブラスカ、サウス・ダコタの諸州が修正憲法により、ジョージア、アイオワ、メーン、ノース・キャロライナ、ノース・ダコタ、テネシー、テキサス、バージニアの諸州が法律によって組合保障条項を禁止している。

(5) コロラド、カンザス、ニュー・ハンプシャー、ウィスコンシン。

(6) デラウェア、ルイジアナ、メリーランド。なお、ネバダ州法は、組合保障条項を違法であるとする。

(7) コロラド、デラウェア、マサチューセッツ、ニュー・ハンプシャー、ペンシルベニア、ウィスコンシン。

(8) ニューヨーク、ロード・アイランド、ユネチカット。

(9) コロラド、マサチューセッツ、ミシガン、ミネソタ、ペンシルベニア、ユタ、ウィスコンシン。

(10) アラバマ、デラウェア、フロリダ、カンザス。

(11) Thornhill v. Alabama, 310 U.S. 88 (1940); Carlson v. California, 310 U.S. 106 (1940).

(12) Millis and Brown, op. cit., pp. 326-331 参照。

(13) アラバマ、コロラド、デラウェア、フロリダ、アイダボ、カンザス、マサチューセッツ、ニュー・ハンプシャー、ノース・ダコタ、サウス・ダコタ、テキサス、ユタ。

(14) ミネソタ、テキサス、デラウェア。

(15) ただし、これらの州法は無効とされた。例えば、Hill v. Florida, 325 U.S. 538 (1945) において、合衆国最高裁は、組合のオルグ (union business agents) が州から免許をうけることなく、フロリダ州において活動することを禁止した州法 (6, section 4 of Laws of Florida, 1943, C. 21, 968, p. 565) がワグナー法七条に違反し、無効であると判示している。

(16) アラバマ、コロラド、デラウェア、ペンシルベニア、テキサス。

二　タフト・ハートレー法と強制組合主義

1　強制組合主義に対するタフト・ハートレー法の原則

タフト・ハートレー法の特色をみるためには、ワグナー法に対する不満を再び要約しておくことが必要である。なぜならば、ワグナー法に対する使用者側の不満や組合活動に対する公衆の感情がタフト・ハートレー法の制定に強い影響力を与えたからである。

第一の不満は、労働組合がクローズド・ショップを通じて労働市場から非組合員を排除し、雇用の配分について不公正な独占を形成したということであった。このことは、個人の労働権を侵害するばかりでなく、使用者が、その企業を労働組合の干渉をうけることなく自由に運営する権利を侵害することになると主張された。

第二の不満は、組合の内部運営にかかわるものである。すなわち、組合費および加入金が不当に高額であり、組合財政が政治的目的のために支出され、組合員は組合保障条項に拘束される等、不当な運営がなされているというのであった。

第三の不満は、強力な組合活動に対するものである。組合が強大な力を掌握するにいたった結果、使用者は、もはや対等のベースで団体交渉を行うことができず、その結果、産業平和がいたく阻害されているというのであった。

これらの不満は労働政策の変更を要求するものであった。そして、ワグナー法の片面性（one-sidedness）を修正し、労働組合と使用者とのバランスを回復させるという主張は、個々の労働者および世論の支持をうけることができたのである。このようにしてタフト・ハートレー法が制定された。同法は、形式的にはワグナー法の改正にすぎない。しかし、実質的には、団結権保障の内容を大きく変革するものであり、国の労働政策の変更を意味するものであった。

サマーズ教授は、タフト・ハートレー法制定の目的として、つぎの四点を指摘する。(1)

(イ)「産業平和の維持に必要な交渉力の平等」(2)を確保すること。

(ロ)「労働組合との関係において、個々の被用者の権利を保護する」こと。(3)

(ハ)労使間の意見の不一致とは「完全に無関係の第三者」を保護すること。(4)

(ニ)労働協約に法的拘束力をもたせることにより、労働関係の安定を確保すること。

以上の目的を達成するために、タフト・ハートレー法においては、多くの改正がなされているが、ここでは、強制組合主義の問題に限定してみていくことにしよう。強制組合主義は、右のタフト・ハートレー法制定の目的の第一および第二にかかわるものである。すなわち、この点についての立法者の意図は、「雇用の機会への自由な接近」(access to job opportunity) を確保するために組合による労働市場の独占を阻止することにあった。

そのために、まずクローズド・ショップ協定の禁止が企てられた。上院の報告書は、この点について、つぎのように述べる。

「雇用の条件として事前に組合員たることを要求するクローズド・ショップは、長らく認められてきた自由な雇用に対して余りにも大きな障害を構成するものである。海運業および多くの建設業においては、組合のハイヤリング・ホールが、今では雇用をうる唯一の方法となっている。これは、単に、雇用を独占する組合が過重な組合費を取立てることを許容するばかりではなく、経営者から、採用すべき労働者を真に選択する〔権利〕を奪うことになるのである」(5)。

右の報告書によれば、クローズド・ショップ協定の弊害は、単に雇用の独占を招くばかりではなく、雇用に際し、使用者が労働者を選択する自由をも阻害するということにある。したがって、個々の労働者および使用者の失なわれた権利を回復するためにも、クローズド・ショップ協定は廃止されねばならないとされたのである。

さらに、タフト・ハートレー法の起草に際し、立法者は、労働組合を任意団体として扱う伝統的な態度を放擲し、組合の内部問題にも介入することを意図した。この点につき、右の報告書は、つぎのように述べている。

「組合幹部が、労働者から仕事口を奪う手段として、そして、ある場合には、純粋に気まぐれな理由で、職業(trades or callings) において生計をうる手段を奪う方法として、クローズド・ショップの方策を用いてきたという多くの実例が委員会に提出されている。……

もしも労働組合が純粋に友愛ないし社会的団体 (fraternal or social organizations) であるならば、右のような場合は立法府の関知せざることがらである。しかし、多くの職業におけるかかる団体〔労働組合〕の組合員たることは、生計をうるために基本的なものであるがゆえに、議会は、このような力の存在を無視することができないのである(6)」。

法案は、右のような基本的態度に基づき、クローズド・ショップを禁止するとともに、条件付でユニオン・ショップの合法性を認めた。すなわち、法案は、特定の交渉単位内のすべての労働者が採用後三〇日以内に組合に加入すべきことを定めるユニオン・ショップ協定の締結を認めたが、当該協定の濫用を防止し、個々の労働者の権利を保護するため、つぎのような制約を課すことを忘れなかったのである。その第一は、組合加入は他の組合員に一般に適用されるのと同等の条件で労働者に認められねばならないことであり、第二は、除名は組合費の不払を理由とするものでないかぎり、解雇の理由となしえないということであった。

（1）Clyde W. Summers, A summary evaluation of the Taft-Hartley Act, Ind. & L. R. Rev., April 1968, p. 406.
（2）Report of the Senate Committee on Labor and Public Welfare, S. Rep. No. 105, 80th Cong., 1st Sess. (1947), p. 2.
（3）タ・ハ法一条。
（4）タフト議員の表現。Cong. Rec., 80th Cong., 1st Sess., vol. 93 part 3, April 29, 1947, p. 4323.
（5）Senate Report 105, 80th Cong., pp. 6-7.
（6）Idid.

2　タフト・ハートレー法下の組合保障条項

雇入ないし雇用の継続に関して差別待遇を行うことを使用者の不当労働行為として禁止したワグナー法八条(3)本文は、そのままタフト・ハートレー法八条(a)(3)本文に受継がれたが、但書が修正された結果、タフト・ハートレー法においては、クローズド・ショップ協定が禁止され、一定の条件の下でのみユニオン・ショップ協定の合法性が容認されることとなった。また、タフト・ハートレー法は、八条(b)(2)において、労働組合が、使用者をして、被用者に対する差別特遇をなさしめること、並びに組合費等の不払以外の理由で組合員たることを拒否され、または組合員資格を喪失した被用者に対して差別待遇をなさしめることを組合の不当労働行為として禁止し、さらに一〇条(c)において、ＮＬＲＢ（全国労働関係委員会）の命令が復職を命ずるものであるときは、バック・ペイは、その被用者の被った差別待遇について責任のある使用者または労働組合に対して要求することができる旨を定めている。

(1)　クローズド・ショップ制の廃止

ワグナー法においても、法形式的には、雇入および雇用継続に関し、非組合員たることを理由に差別的取扱をすることは、使用者の不当労働行為として禁止されている。したがって、原則的には組合保障条項は禁止されているわけであるが、但書において、この禁止が解除されているため、組合保障条項の合法性が容認されるという形をとっていた。タフト・ハートレー法においても、この形式は変わらない。しかし、同法は、八条(a)(3)但書において、ユニオン・ショップ制のみを容認し、さらに八条(b)(2)において、組合が、八条(a)(3)に違反し、使用者をして被用者に対する差別待遇をなさしめ、あるいは組合費等の不払以外の理由で組合員資格を喪失した被用者に対して差別待遇をなさしめることを組合の不当労働行為として禁止した結果、雇入以前の組合員資格を雇用の条件とすることができなくなった。すなわち、使用者は、タフト・ハートレー法の下においては、組合員たる資格を有するか否かを問題にすることなく、自己の選択に基づいて労働者を採用する自由を有し、これを妨げるクローズド・ショップ、プレファレンシャル・ショップ協定等は有効に締結することができなくなったのである。したがって、組合が使用者に対し、クローズド・ショップ協定の締結を強制すること[1]、その締結を要求する争議行為、あるいは、直接、組合員を優先的に雇用することを要求する争議行為等は[2]、いずれも違法とされるようになった。

（1） American Newspaper Publishers' Ass'n v. NLRB, 193 F. 2d 782 (1951).
（2） N. Y. Times Co., 101 NLRB 589 (1952).

(2)　一定の条件の下でのユニオン・ショップ協定の容認

タフト・ハートレー法八条(a)(3)但書においては、雇入の日から三〇日以後に組合員となることを要求する組合保障条項が合法とされている。前記上院報告書は、この点につき、つぎのように述べる。

「本委員会が提案する修正案においても、特定の交渉単位の労働者の過半数が、直接無記名投票により、交渉代表に交渉する権限を与えるならば、当該交渉単位のすべての労働者が採用された日から三〇日以後に組合員となることを要求する協定を使用者が締結することはなお認められる(1)」。

ユニオン・ショップ協定を有効に締結するための条件とはつぎのようなものである。

第一に、ユニオン・ショップ協定を締結しようとする組合は、適正交渉単位内の被用者により交渉代表と認められた組合でなければならない。

第二に、組合がユニオン・ショップ協定を有効に締結するためには、NLRBによる特別の投票により被用者の過半数の支持をうることを要する。すなわち、交渉代表たる組合が協約の適用をうける被用者の三〇％以上の支持をえてNLRBに申し立をしたときには、NLRBは、被用者に直接無記名投票を行わせ、その結果を組合並びに使用者に証明するようになっている（九条(e)(1)）。しかし、特別投票による承認ないしNLRBの証明は、原則的な組合保障条項の禁止を解除する効果をもつにすぎない(2)。したがって、使用者がユニオン・ショップ協定を締結するか否かは、その後の当事者間の団体交渉に委ねられているのである。それゆえ、被用者の過半数の支持をえているときには、ユニオン・ショップ協定獲得のための争議行為は、当然に正当とされる。また、ひとたび投票が行われ、過半数の支持がえられたときには、その旨の証明は、九条(e)(2)に従って否認の手続がとられるまで、将来の団体交渉および協約に対して効力を有する。したがって、次期協約においてユニオン・ショップ協定を、引続きあるいは新たに締結しようとするときには、新たに投票を求める必要はないわけである(3)。

一方、NLRBは、組合保障条項が禁止されている州においては、投票を行わせることができない(4)。ただし、ユニオン・ショップ協定が禁止されず、単に規制されているにすぎない州においては、このかぎりではないとされて

いる。(5)

交渉単位が二つ以上の州にまたがり、ユニオン・ショップ協定を禁止している州を含むときには、NLRBは、ユニオン・ショップを禁止せず、または規制しているにすぎない州において投票を行わせることができる。(6)

さらに、交渉単位内の被用者の三〇％以上の者が、組合がユニオン・ショップ協定を締結する資格を有することを否認する申し立をNLRBに行ったときには、NLRBは、直接無記名投票を行わせ、その結果を関係当事者たる組合および使用者に対して証明するようになっている（九条(e)(2)）。ただし、一年以内には、一回の否認投票しか行うことができない（九条(e)(3)）。

第三の制約は、ユニオン・ショップ協定が適法に締結され、これに基づいて非組合員を解雇する場合であっても、「他の組合員に一般的に適用されるのと同じ条件を当該被用者が利用しえないと信ずべき合理的な理由があるとき」には、使用者は、当該被用者を解雇しえないとされていることである（八条(a)(3)）。この規定の目的は、明らかにいわゆる「閉鎖的組合」(closed unions) の慣行を違法とすることにある。

第四の制約は、同じくユニオン・ショップ協定に基づくものであっても、使用者は、組合加入費および組合費の不払以外の理由で組合加入を拒否され、あるいは除名となった被用者を解雇しえないとされていることである（八条(a)(3)）。

以上のことから明らかなように、タフト・ハートレー法はユニオン・ショップ協定の合法性を認めたとはいえ、組合は、組合費の不払以外の理由では、脱退者ないし被除名者の解雇を要求することができず、したがって、団結強制を目的とするユニオン・ショップの機能は骨抜きにされてしまったといいうるのである。この点に関し、前記上院報告書は、「これらの修正は、最も重大な強制組合主義の濫用を防止する」ためであるという。タフト・ハートレー法下のユニオン・ショップ制は、従来のユニオン・ショップ制とは全く異質のものとなったのである。ミリス教授は、タフト・ハートレー法下のユニオン・ショップ制は、「若干の濫用に悩まされたとはいえ、一般的には極めて重要な組合の統制を維持するための規定を欠いており、第一次的には組合費徴収策（dues-collecting device）にほかならない」(7)と指摘する。われわれもこの見解には全面的に賛意を表したい。

（1）この点につき、House Report は、さらに明確に、「法案は、クローズド・ショップを廃止するものであるが、ユニオン・ショップおよびメンテナンス・オブ・メンバーシップの形態の強制組合主義は一定の条件および厳格な規制（八条(c)の規定を含む）の下に容認している。」と述べる。

（2）法案審議に際し、NLRBの証明がなされたときには、使用者は、組合保障条項を認めることを要する旨のマローン修正案（Malone amendment）が提出されているが、否定された。93 Cong. Rec. No. 88., p. 5078.

（3）Board Release R-48, March 10., 1948.

（4）Giant Food Shopping Center 事件（77 NLRB 133（1948））において、NLRBは、「このような投票は、州法を出し抜き、打破るものであり、議会が明らかに意図しなかったところである。」と述べている。

（5）Northland Greyhound Lines, Inc., 80 NLRB 60（1948）.

（6）Western Electric Co., Inc., 84 NLRB 111（1949）.

（7）Millis and Brown, op. cit., p. 434.

(3)　組合保障条項を禁止する州法との関係

最後に、われわれは、タフト・ハートレー法が、州に対し、組合保障条項に対する規制を強め、あるいは一切の組合保障条項を禁止する道を開いている点に眼を向けなければならない。すなわち、同法は、一四条(b)において、「本法のいかなる規定も、雇用の条件として労働団体の構成員となることを要求する協定の履行または適用が州または准州の法によって禁止されている場合には、その州または准州においてかかる協定の履行または適用を効力あらしめるように解釈されてはならない」と規定し、組合保障の領域における州法の連邦法に対する優位性を認めたのである。

一四条(b)は、NLRBが特定の型の事件につきその権限を州の機関に委譲しうる旨を定めた一〇条(a)と対比させることにより、その性格をより明確にすることができる。一〇条(a)は但書において、「当該事件の規定に適用されるべき州または准州の法規が、本法の対応規定と矛盾するか、または異なった解釈がなされている場合にはこのかぎりではない。」と定め、少なくとも全国的な政策の統一性を保つ配慮が加えられている。しかし、一四条(b)においては、このような規定はみられず、「強制組合主義を阻止する権限を州から奪うようにこの領域を先占することは、立法過程においても明らかなように、ワグナー法の意図ではなかった。(1)」として、ワグナー法の落し穴がそのままタフト・ハートレー法においても引継がれているのである。(2) したがって、組合保障条項に関し、連邦法上新たな法的規制が加えられるようになったとはいえ、これが統一的な国の政策として確立されているわけではなく、州がより強い法的規制を行うことが可能なのである。(3)

すでにみてきたように、タフト・ハートレー法においては、クローズド・ショップ協定が禁止され、一定の条件の下にユニオン・ショップ協定のみが合法とされている。したがって、州が一切の組合保障条項を禁止することは可能であるが、連邦法以上にユニオン・ショップ制に対する規制を緩和することは許されない。換言すれば、州が組合保障条項に敵対的な立法をなすことは認められているが、これに友好的な立法をなすことは禁止されているのである。

このことからすれば、一四条(b)は、州がユニオン・ショップ制をも禁止する「勤労権立法」を制定することを促進すること、――少なくともこれを阻止しないこと――を目的としているといわざるをえない。

農業労働者にだけ適用せられるルイジアナ州の立法をも含めると、二一の州が組合保障条項を違法とする勤労権立法を有している。したがって、これらの州においては、たとえ州際通商にかかわる労働争議であっても、またストライキやピケッティングがいかに平和的に行われても、その目的がユニオン・ショップ制の獲得にあるときには、州の勤労権法に違反する違法な争議行為ということになり、州裁判所はこれに対してインジャンクションを発することができるのである。

(1) House Report 510, 80th Cong., p. 60.
(2) 法案審議に際し、モース (Morse) 議員は、クローズド・ショップおよびユニオン・ショップ協定に関する完全な国家的政策が法案には規定されているわけであるから、州がより強い規制を行うことを許容すべきではないと主張しているが、賛意をえられなかった。
(3) 合衆国最高裁は、Association of Journeymen Plumber and Steamfitters, Local 10 v. Graham, 345 U.S. 192 (1953) において、非組合員の解雇を要求するピケッティングに対するバージニア州裁判所のインジャンクションを適法としている。

三　タフト・ハートレー法の結果

1　ユニオン・ショップ条項の増加

組合保障条項に対するタフト・ハートレー法の影響を考察するためには、若干の統計的な数字を概観することが必要である。

合衆国労働省労働統計局の調査によれば、タフト・ハートレー法制定直前の一九四六年には、協約の適用をうける労働者の三三％の者がクローズド・ショップの適用下に、そして一七％の者がユニオン・ショップの適用下におかれていた。タフト・ハートレー法の通過後はクローズド・ショップ制が禁止されたため、統計上はユニオン・ショップの項目にまとめられているが、一九四九—五〇年には、ユニオン・ショップの適用をうける労働者が四九％となっており、僅かの変動がみられる。しかし、一九五四年には六四％へと増加し、メンテナンス・オブ・メンバーシップの適用をうける労働者一七％を合算すれば、実に八一％の労働者が組合保障条項の適用をうけていることが分るのである。(1) 逆に、組合保障条項を有しない協約の適用をうける労働者は、一九四九—五〇年の三一％から一九％へと減少している。(2)

これらの数字から、タフト・ハートレー法の厳格な規制にもかかわらず、労働者は、組合保障条項に対してかなり好意的であったことが窺われる。

（1）　"Union-Security provision in Agreements, 1949-50," Monthly Lab. Rev., Aug. 1950, p. 224; "Union Status under Collective Agreements," 1950-51, Monthly Lab. Rev., Nov. 1951, p. 552; "Union Status Provisions in Collective Agreements, 1952," Monthly Lab. Rev., April 1953, p. 383; "Union-Security Provisions in Agreements, 1954", Monthly Lab. Rev., June 1955, p. 649 参照。

（2）　なお、一九五四年の調査を一例として掲げると、調査対象となった主要な協約数は一、七一六、適用労働者数は七五〇万人であり、その中、ユニオン・ショップを規定する協約は六五％、メンテナンス・オブ・メンバーシップを規定するもの一四％、組合保障条項を有しないもの二一％となっている。

2　ユニオン・ショップ承認投票の廃止

すでにみてきたように、タフト・ハートレー法においては、NLRBの下に行われる直接無記名投票において、交渉単位内のすべての労働者の過半数（投票総数の過半数ではない）の支持がなければ、組合は、ユニオン・ショップ締結のための交渉に入ることができなかった。このような法的な制約は、個々の労働者は、ユニオン・ショップ協定が存在するため、やむをえず組合に加入するものであろうということ、ユニオン・ショップの承認投票は、かかる労働者の実際の考え方を明確に表示するであろうということ、の二つの推論を暗黙の前提とするものであった。しかし、皮肉にもこの前提は破れた。端的に数字を引用しよう。

一九四七年八月二二日から翌年八月三一日までの最初の一年間に、二三、五八四回（一〇〇％）の承認投票が行われているが、過半数でユニオン・ショップ制を支持したものは、二三、〇五五（九七・八％）、否決したものは、五二九（二・二％）となっている。労働者数でこれをみれば、二、五八二、九八二人（一〇〇％）中、賛成二、一〇七、〇三九人（八一・六％）、反対一二六、四六四人（四・九％）、棄権三四九、四七九人（一三・五％）となっており、現実に投票した者だけにこれをかぎってみれば、実に九四・三％の労働者がユニオン・ショップ制を支持していることが分るのである。[1] ユニオン・ショップ承認投票における労働者の好意的な態度は、その後も変らなかった。一九四七年八月から一九五一年までに、NLRBは四六、一一九回の投票を行わせているが、その中の四四、七九五（九七・一％）においてユニオン・ショップ制が支持されている。[2]

このような予想外の結果に対しては、これらの投票のほとんどが、使用者側に反対のない場合に、いわば信任投票（consent election）として行われているからであり、もしも、より多くの投票が行われた場合には、ユニオン・ショップに好意的でない結果が出るであろうといわれている。[3] ただ、つぎの点は指摘しておかなければならないであろう。

すなわち、組合は、ユニオン・ショップ承認投票制を、組合そのものへの攻撃として受止めていたという事実である。問題は、ユニオン・ショップの是か非かではなく、組合の是か非かが問われているものとして、組合側のキャンペーンが行われ、したがって、多くの労働者は、ユニオン・ショップ制に対してというよりは、団結権の擁護のために投票したということができるのである。その意味では、前記の投票結果には若干の誇張があるといいうる。しかし、われわれは、この結果から、少なくとも、組合幹部と組合員との間には、世上に伝えられていたほどの深刻なギャップが存在しないこと、組合員は組合を欲せず、あるいは組合幹部を信頼していないという推論が必ずしも正しくないことを知ることができるのである。

いうまでもなく、タフト・ハートレー法の下においては、承認投票において一〇〇％の被用者がユニオン・ショップ制を支持したとしても、使用者は、組合側のユニオン・ショップの要求を受諾する法的義務を負うものではない。投票による過半数の被用者の承認は、単に、ユニオン・ショップ協定締結のための団体交渉を開始しうる要件にすぎないのである。しかし、実際問題としては、使用者も、また組合幹部も、この投票の結果を無視することはできなかった。なぜならば、個々の労働者は、ユニオン・ショップ制そのものに賛成票を投じたと理解していたからである。その上、投票における圧倒的な勝利は、団体交渉における組合幹部の立場を強化した。組合幹部は、使用者に対し、誇らしげに言った。「あなた方は投票を求めた。さあ、協定を締結しましょう」(4)と。

使用者および反組合勢力が、タフト・ハートレー法の中から、承認投票手続を削除すべきであると考え始めたのは自然のなりゆきである。また、組合も、投票に勝ったとはいえ、厄介な法的手続を好むものではなかった。結局、承認投票に関する法的要件は、当事者にとっても、ＮＬＲＢにとっても、費用のみかさむ煩瑣な手続にほかならないことが明らかになったのである。タフト・ハートレー法成立時から僅か三年後には、この承認投票の提唱者であったタフト議員自身、それは団体交渉を阻害し、組合保障条項の拡大を促進することになるという理由から、廃止を提案するようになった。[5] 一九五一年一〇月、公法一八九条（Public Law No. 189）により、タフト・ハートレー法は修正され、承認投票制度は廃止された。

（1） Hogan, "The meaning of the union shop election," Ind. & Lab. Rel. Rev., vol. 2, No. 3, April 1949, p. 321.
（2） AFL-CIO, Union Security, p. 15.
（3） Hogan, op. cit., p. 322.
（4） Hogan, ibid., p. 322.
（5） Senate Report No. 646., 82nd Congress, lst Sess. (1951) p. 1.

3　建設産業における法的規制の緩和

タフト・ハートレー法においてクローズド・ショップ制が禁止されたにもかかわらず、使用者が、長い間、組合を通して労働者を雇用していたところ、あるいは、このような雇用の方法の変更を希望しないところにおいては、タフト・ハートレー法制定後も、クローズド・ショップ制が残存した。

法の禁止をくぐるために、多くの巧妙な「密輸」契約（bootleg contract）が労働組合との間に締結された。例えば、職業別ないし地域別の先任権に基づいて労働者を雇用すべきことを約する条項は、事実上、非組合員の雇用を妨げ、組合員に雇用の安定をもたらすものであった。また、例えば、印刷業のように高度の技術を要する職業にあっては、協約において適格条項（competency clauses）が締結され、労使の合同委員会が技能の判定を行う結果、事実上、非組合員は排除された[1]。

さらに、強制組合主義の弊害が最も甚だしいとされた建設業においては、使用者も労働組合も長い間の慣行であるクローズド・ショップおよびハイヤリング・ホールを変えようとはしなかった。彼等は法を無視し、これを逃れようとした。サマーズ教授は、この点につき、つぎのように述べている。

「雇用が短期間である産業においては、先任権機構は不可欠である。その産業において〔先任に〕格付けされた労働者は、自分達が雇用されるまで新規の労働者が待つことを要請する優先雇用権を要求する。漆喰運搬工、煉瓦工、大工にとって、クローズド・ショップ三部作――クローズド・ショップ、クローズド・ユニオン、ハイヤリング・ホール――は、先任権の代りを提供するのである。〔タフト・ハートレー〕法は、これらのすべてを消し去ろうと企て、代るべき何物をも提供しようとしなかった。優先雇用に対するすさまじいまでの必要性は、〔法における〕用語の欠如を無理強いすることができない。〔優先雇用に対する〕使用者の必要性は、殆んど強制的なものである。これらの産業においては使用者は、短時間の通知によって労働者をうることのできる労働者の溜り場を必要とするのである。ハイヤリング・ホールは、実際的な、かつ証明された解決策である。タフト・ハートレー法は、これらの頑強な経済的事実を認識していない[2]」。

このような経済的・社会的事情は、タフト・ハートレー法の修正をもたらした。一九五九年に制定されたランドラム・グリッフィン法（Labor-Management Reportiong and Disclosure Act）により、タフト・ハートレー法には、八条(f)が加えられ、建設業（building and construction industry）においては、強制組合主義に対する法的規制が緩和されることになったのである。

すなわち、建設業においては、(a)組合が被用者の過半数の支持を獲得する以前に、使用者と組合保障に関する協定を締結すること、(b)雇入条件として、雇入または協定の効力発生のいずれか後の日から七日以後にその組合員となることを要求する協定を締結すること、(c)使用者が組合に対して雇入の機会を通知し、組合に適格者を紹介する機会を与える協定を締結すること、(d)特定産業または地域において、雇入のための最低の訓練または経験資格を特定し、あるいは当該使用者の下での勤務期間の長さに基づく雇入機会の優先権を規定する協定を締結することを合法的なものとして承認した。ただし、建設業の場合であっても、州の勤労権立法によってユニオン・ショップ制が禁止されている場合には、これに従わねばならないとされている。

(1)　タフト・ハートレー法によるクローズド・ショップ制の禁止を免れるためのさまざまな方策については、Brown, Union Security, New York Univ., Second Annual Conference on Labor, p. 100ff 参照。

(2)　Summers, "A summary evaluation of the Taft-Hartley Act," Ind. & Lab. Rel. Rev. April 1958, p. 409.

四　むすび

労働組合の第一次的な、そして最も重要な機能は、労働条件の取引における個々の労働者の弱さを団結の力によってカバーすることである(1)。資本制経済のしくみから、労働者は、団結することなしには、労働条件の改善および生活の安定はありえないことを本能的な知恵によって知り、労働組合は、社会的な制度として固定するようになったのである。

労働組合の交渉力の強さは、労働市場の統制力と団結力のいかんにかかわる。一〇〇%の組織化は組合の最大の目標なのである。組織化に際し、組合は、非組合員に対する説得を試みる。組合に対する使用者の敵意がそれほど強くなく、労働者の階級意識ないしは連帯感情が強固なところにおいては、このような「説得的圧力」(persuasive pressure)も有効な方法である(2)。しかし、このような条件のみられないところにおいては、交渉力を強化するための他の方策が主張される。アメリカにおける組合保障条項の要求は、このような条件の下に生まれてきたのである。すなわち、第一に、アメリカにおいては、労働組合は使用者の激しい敵対に直面しなければならなかった。使用者は、執拗に「ノンユニオン・ショップ」を主張し、ときとしては会社支配組合の育成を企てた。組合保障条項は、使用者のこのような組合に対する敵意の中から、団結を守るために発展してきたのである。

第二に、組合保障条項の要求は、敵対組合との対立の中で発展してきている。組織化の競争や切り崩しは、不安定の感情を呼び、組合は、団結を守るためにも組合保障条項が不可欠であると感じるようになったのである。

第三に、アメリカにおいては、階級的連帯心の欠如から、あるいは生活水準の低さから、低賃金、長時間労働をよろこんで受諾する移民労働者等の脅威に直面し、組合は、組合保障条項こそが団結を守る砦であると思うようになった。

組合の眼には、組合保障条項の原理は、ユニオニズムそのものであったのである。しかし、この原理は、オープン・ショップ＝ノンユニオン・ショップに好意的な使用者階級の激しい抵抗に会った。彼等の反強制組合主義への運動は、州の勤労権立法およびタフト・ハートレー法となって結実した。これらの組合保障条項に対する禁止ないし制約は、組合の独占を防止し、個々の労働者の権利を保護するためという名目の下になされている。確かに、われわれも、個々の労働者に対する組合の権力の濫用の例があったことを否定するものではない。また、人間の心情には、抑圧に対する反発があることも認めざるをえない。しかし、現在の社会体制の中では、有効な組織を媒介することなしには、何もいえないことをわれわれは認めざるをえないのである。われわれは、しばしば、わずらわしい組織とのかかわり合いから逃れたいと思う。空想の上では、それも可能であろう。しかし、現実には、好むと好まざるとにかかわらず、組織ないし集団とのかかわり合いなしに生活することはできない。

使用者並びに立法者は、親切にも、個々の労働者の権利を保護するために立ち上ってくれたのである。彼等にとっては、組合に加入することなしに労働する個々の労働者の権利は、絶対的なものであるのに対し、組合員の一人として労働する権利は相対的なものにすぎなかったのである。しかし、個々の労働者の労働権、生存権は、組合の中にあって初めて守られるのであり、組合の外におくことによってよく守られるものではない。われわれは、アメリカにおける社会的・経済的条件の差から、組合保障条項の要求は、団結権の擁護に直結しており、それの禁止ないし規制は、団結に対する脅威、ないしは組合の否認へとつながっていることを知った。しかし、組合保障条項の濫用による弊害は、第一次的には、組合内部の自律的な規制によって克服さるべきものであり、立法的な規制によって牛をも殺すような誤りを犯してはならないのである。組合がもしもオープンであるならば、強制組合主義をおそれる理由は見当らないように思われる。実際、「組合の欠点を理由に組合を破壊しようと試みることは、権力の濫用を理由に政府を廃止しようと試みることに等しい[3]」というべきであろう。

(1)　Cox, The role of law in preserving union democracy, 72 Harvard L. Rev. 609 (1959).

(2)　Wollet Aaron, Labor Relations and the Law, 2nd edit. pp. 133-134, pp. 553-554 は、ヨーロッパにおいては、組織率が相対的に高く、かつ労働者階級の連帯感情が高いために、組合保障条項は、アメリカほど主要な争点となっていないと指摘する。

(3)　William D. P. Bliss, New Encyclopedia of social Reform, p. 851.

第二章　エイジェンシィ・ショップ

一　はしがき

一〇〇%の組織化は、洋の東西を問わず、労働組合に共通した目標である。この目的を達成するために、さまざまな組織化の努力が払われるが、アメリカや日本のように組合運動の成熟度が浅く、ややもすれば競争組合が相対立し合うところでは、労働組合は、労働協約上の組合保障[1] (union security) 条項を通じて組織化を達成しようと努力する[2]。これらの国においては、組織化の一つの手段である組合保障制は団結権そのものと密接な結びつきをもっているのである。

クローズド・ショップ (closed shop) の要求とともに始まるアメリカの労働運動[3]は、とりわけ組合保障制の獲得に熱意を示し、タフト・ハートレー法によってかなり厳しい制約が設けられた[4]後においてさえも組合保障条項の締結率は依然として衰えをみせていない[5]。このような長い歴史を有する組合保障制の中で最近とくに重要性を増し、また大きな論議を呼んでいるのがエイジェンシィ・ショップ (agency shop) である。とくに勤労権立法[6] (right-to-work laws) によってユニオン・ショップ (union shop) が禁止されている諸州においては、これに代るものとしてエイジェンシィ・ショップが増加の勢いを示している[7]。

エイジェンシィ・ショップとは、交渉単位内のすべての従業員は、組合員であるか否かを問わず、雇用継続の条件として、通常、組合費相当額の一定の賦課金を組合に支払わねばならぬ旨の使用者と労働組合間の協定[8]である。組合に支払われた金員は、組合の福利厚生基金にまわされる場合もあるし、組合の直接経費として使用される場合もある。この種の制度は、時として「経費支持条項」(support money clause) あるいは「交渉代表費」(bargaining agent fee) とも呼ばれるが、その名称が何であれ、いかなる従業員をも組合に加入または止まることを強制せず、ただ団体交渉の経費を直接組合に支払うことを強制する点に特色を有する。そして従業員が右の経費を組合に支払わなかつた場合には、使用者は、組合の要求に基づきその者を解雇すべき義務を協約上負うことになる。したがってユニオン・ショップ協定においては、組合員たるべきことが雇用継続の条件となっているのに対し、エイジェンシィ・ショップ協定においては、組合費相当額のいわゆる団体交渉経費の支払いが雇用継続の条件となるわけである。

エイジェンシィ・ショップ協定は、アメリカの組合保障制論争における二つの対立した見解――(イ)労働者は自己の好まない団体への加入を強制されない、(ロ)労働者は組合によって獲得された利益をただで横取りすべきではない――の妥協の産物として生まれたものであるといわれているが[9]、このような制度がどのようにして生まれたのであるか、現実の労使関係ではいかなる役割を果しているのであるか、そしてそれはアメリカの労働法体系の中では、どのような法的評価をうけているのであるか。以上のごとき諸問題を明らかにしながら、エイジェンシィ・ショップの妥当性を検討するのが本稿の課題である。

(1)　組合保障とは、通常、クローズド・ショップ、ユニオン・ショップ、メンテナンス・オブ・メンバーシップ等のごとくなんらかの形で従業員の組合加入を強制する協約上の制度と、チェック・オフのごとく組合財政の安定を目的とする協約上の制度とを総称する概念である。

(2)　例えばイギリスでは、一般的にいって労働組合の組織化が普遍的に行われているがゆえに、実際問題として組合保障制を必要としないし、またフランス、ドイツ等のヨーロッパ諸国においても相対的に組織率が高く、労働者階級の連帯意識も強固なものがあり、かつ組合が政治的ないし宗教的信条により併存している場合が多いので組合保障制が活用せられる余地はほとんどないといってよい。これに反しアメリカでは、(イ)最近にいたるまで、使用者の反組合的活動が極めて活発であり、組合の団結そのものを守るためにも組合保障割は必要であったし、(ロ)敵対組合（rival unions）との絶えまなき競争は、組合保障制による組合の安定化へ向わしめた。また、(ハ)階級意識あるいは連帯感情に欠ける労働者達は、容易に低賃金・長時間労働を受諾して組合の存立を危うくし、生活水準の異なる移民労働者あるいは黒人労働者は、一層この傾向に拍車をかけた。したがって組合は、団結を実効あらしめるために、組合保障制の獲得に熱意を示さざるをえなかった。

（3）　本多「アメリカにおけるショップ制の機能と法理」法学雑誌、六巻三号三九頁以下参照。

（4）　一九四七年のタフト・ハートレー法では、クローズド・ショップを禁止し（ただし一九五九年法により、建築産業においてはクローズド・ショップが容認されることになった）、ユニオン・ショップについては、(イ)当該組合は適正交渉単位内の排他的交渉代表でなければならないこと、(ロ)ユニオン・ショップの締結につき従業員の過半数の支持をうること（ただし一九五一年の改正により、この投票制度は廃止された）、(ハ)従業員の三〇％以上のものの発議があれば、ユニオン・ショップ協定を破棄するか否かの投票を行うこと、(ニ)ユニオン・ショップ協定の下でも組合費ないし組合加入費の滞納以外の理由による場合には、除名または組合加入拒否を理由として解雇してはならないこと等の制限を設けた。

（5）　アメリカ労働省（Bureau of Labor Statistics of the U. S. Department of Labor）の統計によれば、一九四六年には協約の適用をうける全労働者の三三％がクローズド・ショップの適用下にあり、一七％がユニオン・ショップの適用下にあった。タ・ハ法制定直後の一九四九—五〇年には、クローズド・ショップとユニオン・ショップの合計（同法によりクローズド・ショップが禁止された結果、統計では両者の総計しかでていないが、その中の一割は依然としてクローズド・ショップであったといわれている）は四九％と僅かに変動をみせたが、その後は増加の一途を辿り、一九五四年には六四％に達している。また逆に広く組合保障条項を有しないものの数は一九四九－五〇年の三一％から一九五四年には一九％と激減している。"Union-Security Provision in Agreements, 1949-50", Monthly Lab. Rev.,

Aug. 1950, p. 222; "Union Status under Collective Agreements, 1950-51," Monthly Lab. Rev., Nov. 1951, p. 552; "Union Status Provisions in Collective Agreements, 1952," Monthly Lab. Rev., April 1953, p. 383; "Union-Security Provisions in Agreemnts, 1954," Monthly Lab. Rev., June 1955, p. 649.

(6)　雇用継続の条件として組合加入を強制する協約上の各種の制度の禁止を目的として制定された州法。タ・ハ法一四条(b)により、組合保障制が州法により規制せられている場合には、州法の方が優先的に適用される。現在(一九六三年八月)この種の勤労権立法を有している州は、アラバマ、アリゾナ、アーカンソー、フロリダ、ジョージア、インディアナ、アイオワ、カンザス、ミシシッピー、ネブラスカ、ネバダ、ノース・キャロライナ、ノース・ダコタ、サウス・キャロライナ、サウス・ダコタ、テネシー、テキサス、ユタ、ヴァジニヤ、ワイオーミングの二〇州である。この外にルイジアナ州では、農業労働者にだけ適用される勤労権立法を有している。

(7)　一九五八―九年の労働省の調査では、対象となった一、六三一協約中一五協約がエイジェンシィ・ショップを有しており、("Union Security and Checkoff Provisions in Major Union Contracts, 1958-59," Monthly Lab. Rev., vol. 82, No. 12, Dec. 1959, p. 1351.)、一九六〇年のBureau of National Affairsの調査では、代表的協約四〇〇中、六%がエイジェンシィ・ショップを有するといわれている(46 LRR 458, Oct. 17, 1960)。

(8)　エイジェンシィ・ショップの代表的な実例はつぎのごときものである。International Brotherhood of Electrical Workers, Local 697 と Meade Electric Company, Inc. との協約

「第六条（無差別――平等利益――平等義務）

第一項（エイジェンシィ・ショップ）

(a)　組合員たるべきことは強制されない。従業員は、意のままに、組合に加入し、〔または〕加入せず、組合にとどまり、もしくは脱退する権利を有する。いずれの当事者も、右の事項に関し、従業員に圧力を加え、または差別的取扱いを行わない。

(b)　組合員たることと、従業員が平等の利益を享有するかぎりで平等の義務を引受けることとは別個のものである。組合は本協約の下において、交渉単位内のすべての従業員を、組合に加入しているか否かを問わず、公正かつ平等に代

表しなければならない。本協約の諸条項は、組合員のみならず、交渉単位内の全従業員に対し制定されたものであり、本協約は、従業員の秘密投票により、組合が、交渉単位内の従業員の過半数の支持を得、かつ全国労働関係委員会（NLRB）の証明を得た後に施行される。したがって交渉単位内の各従業員が、自己の事柄につき支払いをし、かつ本協約に含まれる平等の利益の附与にしたがって義務の公正な分配を引受けるのは妥当である。

(c)　本条上記(a)および(b)に記載された方針にしたがい、従業員は、雇用継続の条件として、従業員の排他的団体交渉代表である組合に対し、組合員である交渉単位内の従業員により支払われる金員と同額のものを支払うものとする。右の金員は、組合の正規の入会金、組合費および一般的かつ統一的賦課金と同額でなければならない。現に雇用されている従業員については、右の支払いは、本協約施行後四五日以降に開始され、新たに雇用される従業員については、採用後四五日以降に開始される。」

(9)　Jone, "Agency Shop," 10 Lab. L. J. 781 (1959) p. 781.

二　エイジェンシィ・ショップの発展

一　エイジェンシィ・ショップと戦時労働局

エイジェンシィ・ショップは、一般的にはカナダ最高裁のランド（I. C. Rand）判事のフォード・モーター事件に対する有名な仲裁裁定[10]に由来すると説かれている[11]がこの種の制度は、第二次大戦中の戦時労働局の裁定の中にすでに散見することができる。いうまでもなく戦時労働局は、戦時中の労働争議の調停・仲裁による平和的解決を目的として設置されたものであるが、その一連の裁定は、労働関係における新しい慣行を確立して行った。最初のエイジェンシィ・ショップ協定は、戦時労働局が扱った一九四二年四月のFederal Shipbuilding and Drydock Company事件[12]の中から生れてきた。同事件は、組合（Industrial Union of Marine & Shipbuilding Workers of America, Local 16, CIO）の主張するユニオン・ショップ制と会社側の主張するオープン・ショップ制とが真向から対立したものであったが、戦時労働局は妥協的な解決策として、一種の組合員維持協定を協約に挿入すべき裁定を下した。この条項は、協定締結時に組合員であり、かつ協約締結後任意に組合に加入した者は、協約有効期間中組合員たるべきことを義務づけられるが、組合から除名され、または組合を脱退した場合でも、組合費の支払いを続けるかぎり解雇を免れるというものである。したがってこの協約では、厳密にいえば組合員たる資格を維持することが雇用継続の条件となっているのではなく、組合費の支払いが雇用継続の条件となっていることが分かる。

このようにエイジェンシィ・ショップは、一つにはメンテナンス・オブ・メンバーシップのヴァリエイションとして発生したことが窺われるが、他方、チェック・オフの制度にも由来しうることが他の事実から推測される。すなわち、Cambrige Tile Mfg. Co. 事件(13)で、戦時労働局は、組合側のユニオン・ショップの要求を、会社の慣行としてすべての従業員に対するチェック・オフがすでに行われているからという理由で拒否しているが、このことは、普遍的なチェック・オフが組合員であるか否かを問わず組合保障制の一環として特定の産業では行われていることを示すものである。

エイジェンシィ・ショップの初期の実例として、もう一つSouthern Colorado Power Co. の協約をあげることができる。会社と組合（International Brotherhood of Electrical Workers, Local B-667）は一九四二年に、「会社は、採用あるいは雇用の条件として、いかなる者も組合員たることを強制しない。すべての従業員は、団体交渉代表の維持と機能の費用を平等に負担する。右の費用は組合費と同額とする」という趣旨の協約を締結していた。しかし有効期間の満了する一九四四年に、会社はエイジェンシィ・ショップ条項を新協約に引継ぐことを拒否し、紛争は戦時労働局の仲裁に付託された(14)。その際、会社側では、組合に加入していない従業員が、組合支持の拠金をなすべきことを強制されるのは不公正である旨主張したが、労働局は会社側の主張を却け、旧協約におけるエイジェンシィ・ショップ協定は、両当事者が任意に締結したものであること、従来締結されている組合保障条項はそのまま引継ぐのが局の政策であることを理由にエイジェンシィ・ショップ協定の更新を命じている。

二　ランド方式（Rand Formula）

このようにエイジェンシィ・ショップは、早くから戦時労働局の裁定の中にすでに現われているのであるが、それが世人の注目を惹くようになつたのは、先にふれたカナダのフォード・モーター事件に対するランド判事の仲裁々定以後のことである。

カナダのフォード・モーター会社では、ユニオン・ショップ、チェック・オフ等をめぐって三カ月に亘る激しいストライキが起ったが、連邦およびオンタリオ州政府の斡旋により、労使双方は、当該紛争を仲裁に附すことに同意した。仲裁人となったランド判事は、ユニオン・ショップ制は個々の従業員が組合と無関係に労働する自由を奪うものであるとの理由の下に、組合側の主張するユニオン・ショップ条項を認めなかつたが、すべての従業員は、組合員であるか否かを問わず、団体交渉、労働協約によってうける利益に対して経費を分担するのが公平であるとして、エイジェンシィ・ショップを規定する仲裁裁定を下した。

この裁定、より正確には、このような形での組合保障の観念は、その後Rand FormulaあるいはCanadian ruleとして広く知られるようになり(15)、タフト・ハートレー法審議の際にも、上院議員のタフトが、本法案八条(a)(3)は、Canadian rule が達しようとしたのと同じ結果を意図しているのであると述べるにいたっている(16)。

三　タ・ハ法および勤労権立法とエイジェンシィ・ショップ

一九四七年のタ・ハ法により、アメリカの労働政策は大きな旋回を示したのであるが、法案の審議に際し、論議の対象となつたのは組合保障制の形態およびその程度をどのようにするかということであった。総じてタ・ハ法は一九三五年のワグナー法の保護の下に巨大化した組合の権限を縮少し、個人の自由を保護することに主眼がおかれていたのであるが、組合保障制についても、あらゆる形態を認めていた従来の立場を一変し、クローズド・ショップを禁止するとともに、一定の制限の下にユニオン・ショップおよびメンテナンス・オブ・メンバーシップを認めるにいたった。(17) すなわちタ・ハ法においては、雇入または協定の効力発生期日後三〇日以降に、適正単位内の従業員が組合員となるべき旨の協定をしても差支えないが、組合費ないし組合加入費の滞納以外の理由で除名されたり、組合加入が拒否された場合には、その者を組合保障条項に基づいて解雇してはならないことが義務づけられている。したがって例えばユニオン・ショップ協定の下で、反組合的活動を理由にある組合員を除名した場合でも、組合費や組合加入費を滞納していないかぎり解雇を要求することができないわけである。それゆえ、ミリス（Millis）教授等がいみじくも指摘するように、タ・ハ法下のユニオン・ショップ制は、極めて重要であった組合の規律保持の機能を失い、第一次的には組合費徴収の方策（due-collecting device）と化してしまった(18)わけである。

しかし、そのような法制の変化の中には組合保障制に対する立法者の考え方の変動が潜められていることに気がつく。すなわち組織強制から生ずる弊害の除去を意図した立法者も、組合に加入せずして、その成果だけを横どりしようとするいわゆるフリー・ライダー（free riders）を減少させることが組合の安定化に寄与することを十分に認識していた。組合加入費または組合費の滞納を理由に除名された者の解雇を規定する組合保障条項を合法的なものとして認めたのも、「かかる条文がなければ、団体交渉により組合が獲得したものの利益にあずかる多くの従業員が、その費用の分担を拒否するであろう」[19]という理由からであると説明されている。つまり議会は、単に組合加入のみを雇用継続の条件とすることは認めなかったが、組合費の支払を、組合保障条項において不可欠のものとすることは認めたのである。何故ならば、「組合がすべての従業員に対する交渉代表として認められている場合には、組合費は、組合を支えるための一種の税金のようなものである」[20]と考えたからである。このように組合員たることと組合費の支払とを区別していこうとするタ・ハ法の態度は、一歩進んで非組合員からも団体交渉の分担金を拠出させようとするエイジェンシィ・ショップの考え方へとつらなってくる。

このような風潮をさらにおし進めたのが州の勤労権立法[20]である。タ・ハ法では前述せるように一定の制約の下にユニオン・ショップ等を認めたのであるが、同時に、州法によってあらゆる形態の組合保障制を違法としうることを明示的に認めた。南部の諸州を中心として現在まで二一の州が勤労権立法を制定しているが、これらの州におけるユニオン・ショップあるいはメンテナンス・オブ・メンバーシップに対する厳しい禁止ないし制約は、組合をしてエイジェンシィ・ショップへと走らしめることになった。組合は、直接的には勤労権立法の効果を緩和する手段としてエイジェンシィ・ショップの採用を意図したのである。エイジェンシィ・ショップをめぐる紛争が、主としてこれらの諸州から起っていることは、その間の事情を物語るものである。

(10)　In re Ford Motor. Co. of Canada and UAW, 1 LA 439, 17 LRRM 2782 (1946).
(11)　例えばWollett & Aaron, Labor Relations and The Law, 1960, p. 553.
(12)　1 War Labor Reports 140 (1942).

(13) 2 War Labor Reports 271 (1942).
(14) 18 War Labor Reports 314 (1944).
(15) 約九千五百人の労働者が三カ月に亘る激しいストライキを行ったという点でこの争議は世人の注目を惹いており、そのために意表をついた形の仲裁裁定が余計、世人の印象に鮮やかに残ったものであろう。
(16) 93 Cong. Rec. 4887 (1947).
(17) 前出註(4)参照。
(18) Millis & Brown, From Wagner Act to Taft-Hartley. (1950), p. 434.
(19) S. Rep. No. 105, 80th Cong., 1st Sess. 6-7 (1947).
(20) 前出註(6)参照。

三　エイジェンシィ・ショップの合法性

先に一言したようにタ・ハ法は、組合保障制の領域における州法の優位性を認めた。すなわち同法一四条(b)により、組合保障制を規律する州法が連邦法より厳格である場合には、州際通商に亘る場合でも州法の方が優先的に適用されることになったのである。しかし、連邦法であるタ・ハ法の方が組合保障制について厳しい制限を課している場合、あるいは組合保障制について規律する州法が存在しない場合には、タ・ハ法の規定が適用される。したがってエイジェンシィ・ショップの合法性の検討に当っては、第一に連邦法下とくにタ・ハ法下におけるエイジェンシィ・ショップの法的評価を行い、第二に勤労権立法を有する諸州におけるエイジェンシィ・ショップの検討を行うことが必要である。

一　タ・ハ法下のエイジェンシィ・ショップ

戦時労働局は、すでに概観してきたように、エイジェンシィ・ショップを合法的なものとして取扱ってきた。全国労働関係委員会（以下ＮＬＲＢという）は、もちろん戦時労働局の確立したルールに拘束されるものでないが、いくつかの事件を通じ、従来どおりエイジェンシィ・ショップの合法性を承認している。

NLRBの扱った最初のケースはPublic Service Company of Colorado事件[21]である。同事件はワグナー法の下におけるエイジェンシィ・ショップの合法性に関するものであった。事案はつぎのとおりである。

会社と組合（Local No. B-1436, International Brotherhood of Electrical Workers, AFL）は従来メンテナンス・オブ・メンバーシップ協定を結んでいたが、一九四七年六月二七日に協約を改正し、エイジェンシィ・ショップに切替えた。申立人である従業員は、組合から同協定に基づく組合への拠金を求められたので組合加入を申出たが、組合大会において加入が拒否された。そこで申立人は拠金の支払いを拒否したところ、エイジェンシィ・ショップ協定により解雇されたので、不当労働行為の申立におよんだものである。

NLRBは、第一に係争点が、ワグナー法八条の解釈にかかわるものであることを明らかにした後、つぎのように述べている。

「ワグナー法の立法過程からみて、八条(3)が許容的（permissive）なものであり、制限的（exclusive）な性格でないことは明らかである。〔すなわち〕組合保障協定のタイプのみを選択するのが、議会の意図であったとは思われない。……」

「さらにワグナー法が、明示的に労使の交渉力の不平等を是正することを意図していることは周知のところである。八条(3)における〈組合員たること〉という文言を、団体交渉代表者が適法な組合保障制を協約において獲得しうる唯一のものを示すと解釈することは、必然的に団体交渉における被用者およびその代表者を援助することではなく、むしろ制約することになるであろう。したがって、議会が、一方において被用者の交渉力の強化を企てながら、交渉代表が団体交渉において組合保障の強度の形態、すなわち組合員たることの保障(membership guarantees)のみの獲得に成功することを意図し、また使用者側からする、より軽度の〔形態への〕譲歩には法の保護が与えられないと考えていたとすることはできない。」

以上の理由からNLRBは、エイジェンシィ・ショップ協定が、ワグナー法八条(3)に含まれる合法的なものである旨の判断を下したのである。

NLRBの扱った第二の重要なケースは、American Seating Company事件[22]である。事案は、改正前のタ・ハ法九条(e)に基づくユニオン・ショップ合法化のための投票に関するものであったが、NLRBはそこにおいてエイジェンシィ・ショップの合法性およびそれがタ・ハ法八条(a)(3)の認める組合保障制の形態の中に含まれるものであるかどうかを検討しなければならなかった。

NLRBは、ワグナー法同様タ・ハ法においてもエイジェンシィ・ショップの合法性は認められていると肯定的に解した。すなわち、ワグナー法八条(3)の文言は、タ・ハ法においても若干の条件が附加せられたが、そのまま引継がれていること、タ・ハ法の立法過程においても、議会は、フリー・ライダーの存在を避けるために、非組合員から組合支持の拠金を集めることを違法としないように意図していたことが窺われる等の理由からエイジェンシィ・ショップを合法的なものとしたのである。

この論理は、最近最も論議を呼んだゼネラル・モータース事件においてもそのまま貫かれている。自動車産業労働組合(UAW)では、全国協約において、ユニオン・ショップ協定を締結していたが、勤労権立法によりユニオン・ショップが禁止されているインディアナ州では、これに代るものとしてエイジェンシィ・ショップの獲得を意図し、会社（General Motors Co.）に団体交渉の申入れをした。しかし会社側は、エイジェンシィ・ショップはタ・ハ法上違法であるとして団体交渉に応ずることを拒否したので、一九五九年一〇月二九日に組合は不当労働行為の申立を行った。

同事件の係争点は、いうまでもなくタ・ハ法八条(a)(3)の解釈にかかわるものである。同項但書は、「但し、使用者が労働団体と、雇用の条件として雇入または協約の効力発生後三〇日以降に当該団体の構成員たることを要求する協約の締結を妨げるものではない……」と規定する。したがって法の基準に合致する適法な組合保障制は、文字通り組合員たるべきことを雇用の条件とする協定（ユニオン・ショップとメンテナンス・オブ・メンバーシップ）に限られると解すべきであるのか、あるいは同条をもっと広く解し、エイジェンシィ・ショップもその中に含まれると解すべきであるかが争われたのである。

この点に関し、会社側では、八条(a)(3)は、七条の保障する被用者の消極的団結権を侵すかも知れないが、使用者をして不当労働行為の責にさらさない組合保障の型を制限的に列挙したものであり、それは組合員たることを雇用継続の条件とする協定に限定されると主張した。これに対し組合側では、八条(a)(3)は、許容しうべき組合保障制の上限を画したものであり、それよりゆるやかな形態の組合保障制は、エイジェンシィ・ショップを含めてその範囲内に含まれると主張したのである。

しかしNLRBは、委員の三対二のきわどい決定で組合側の主張を却け、エイジェンシィ・ショップはタ・ハ法八条(a)(3)の保護をうけうるものではないと判断した。[23] これに対しゼネラル・カウンシル（General Counsel）および組合側は直ちに再審査の申立を行った。[24] その結果、NLRBは、今度は四対一で前の命令を覆し、組合側の主張を全面的に容れて、エイジェンシィ・ショップはタ・ハ法八条(a)(3)にいう合法的な組合保障制の中に含まれると解した。[25]

このように紆余曲折はあったが、NLRBは、ゼネラル・モータース事件においても従来の立場を貫き、タ・ハ法は単に組合保障制のマキシマムな限界を画定しているにとどまり、それ以下のゆるやかな形態、すなわち、エイジェンシィ・ショップは許容されているとしたのである。

そこで会社側は同命令の取消しを求めて合衆国控訴裁判所（第六巡回区、シンシナティ）に訴を提起した。同裁判所は、裁判官全員一致の意見により、まずエイジェンシィ・ショップは、ユニオン・ショップよりゆるやかな形態のものではなく、これとは全く別個のものであることを明らかにし、ついでつぎのように述べる。タ・ハ法の関係諸規定は明確であるから、法律的な解釈を必要としない。同法七条および八条(a)(3)では雇用の条件として労働組合の組合員となることをことを要求する協約を認めているのであり、雇用の条件として組合費相当額の支払いをなすことは、組合員たることとは無関係である。もしも議会が雇用の条件として組合員たることの代りにこの種の分担金の徴収を認めていたならば、容易に適切な文言でその旨規定しえた筈である。解釈を口実として法の明確な文言を拡張することはわれわれのとるところではない。したがってエイジェンシィ・ショップは、タ・ハ法七条および八条(a)(1)、(3)の許容しない違法なものであるから使用者は団体交渉に応ずることを強制されない。以上の理由により控訴裁判所は会社側の主張を全面的に認めたのである。(26)

敗訴したＮＬＲＢは直ちに上告した。かくて世人の注目の下に、論争の的であったエイジェンシィ・ショップの合法性の問題は、最終的に最高裁により判断されることになった。

最高裁はまずタ・ハ法八条(a)(3)の母法であるワグナー法八条(3)が、クローズド・ショップ、ユニオン・ショップはもとより、それ以下の義務づけを負わせる組合保障制をも合法的なものとして法認していることを明らかにし、ついでタ・ハ法により、オリジナルなワグナー法の規定がどのような修正を蒙ったかを検討する。ワグナー法八条(3)とタ・ハ法八条(a)(3)とは、その構成ないし文脈において基本的には同じである。すなわち、一般的に「雇入、または雇用関係の継続、若しくは雇用条件につき、差別待遇をして、労働団体の構成員たることを奨励し、または妨害すること」を使用者の不当労働行為として禁止し、但書において「使用者が労働団体と、雇用の条件として当該団体の構成員たることを要求する協約の締結を妨げるものではない」として例外的に組合保障制の合法性を認めている。ただタ・ハ法では、さらにいくたの制限的な規定を右の但書に附加した。すなわち「雇入または協定の効力発生期日後三〇日以降に」労働組合の「構成員たることを要求する協約の締結を妨げるものではない」と規定することにより、雇入のときに組合員であることを要求する協定（クローズド・ショップ、プレファレンシャル・ショップ）を違法とするとともに、合法的なものとして許容する組合保障制についても、前述したようないくつかの限定[27]を設けたのである。

本判決において、最高裁は、タ・ハ法の右のごとき修正の目的は二つあるという。その一つは、強制組合主義（compulsory unionism）の濫用から生ずる弊害を減少させようとしたこと、その二は、それにもかかわらず組合保障制の心要性を認識し、一定の制約の下にこれを存続させようとしたことである。そして、最高裁は、立法過程の検討から、議会は、タ・ハ法八条(a)(3)により、ユニオン・ショップのみを合法とし、それ以外のすべての組合保障協定をクローズド・ショップと同様に禁止することを意図していたとはみられないと認定する。

ついで最高裁は係争点の核心である「組合員となること」という文言の検討に移る。タ・ハ法八条(a)(3)によれば、雇用の継続が条件づけられる組合員たるべき義務は明らかに組合加入費および組合費の支払に局限されている。雇用を組合員たることに条件づけることは認められているが、雇用上の権利に関するかぎりでは、組合員たることは組合加入費および組合費の支払のみにかかわらしめることしかできないのである。したがって組合の要求するエイジェンシィ・ショップは、実際上、タ・ハ法八条(a)(3)にいう組合員たることというのと同じである。何となれば、組合費の支払を要求するエイジェンシィ・ショップは、合法的なユニオン・ショップが課すのと同じ義務を課しているのであり、ユニオン・ショップ協定において解雇によって実効性を保障しようとしている組合員たる義務の遂行と同じものを要求しているにすぎないからである。もしもユニオン・ショップの適用をうける被用者が、組合加入費あるいは組合費の支払以外の組合の課す義務の遵守を拒否した場合、組合員たることを拒否され、または除名されるかも知れない。しかし非組合員たることを理由にその者の解雇を要求することはできないのである。もちろん組合が、組合員たる資格をゆるやかにし、最低限度の財政的負担は負うが組合を支持することを拒否し、組合活動に参加することを断わる従業員にまでその範囲を拡げるのであるならば、このような者も、ユニオン・ショップ協定に基づいて名簿に記載されるという意味で組合員とならなければならないであろう。エイジェンシィ・ショップは、ユニオン・ショップが課すのと同じ金銭的な負担を要求しながら、組合員となるか否かの選択を組合から従業員の手に移すものである。このようなユニオン・ショップとエイジェンシィ・ショップとの相違は、現在の目的のためには実質的であるというより形式的なものにすぎない。エイジェンシィ・ショップは、強制組合主義の弊害を減じようとしながらも、交渉代表を財政的に支持することを認めた立法者の意図に反するものではなく、それに合致するものである。

以上のようにエイジェンシィ・ショップは合法的なものであるから、使用者は団体交渉拒否を正当化することができないとして最高裁は控訴審判決を破棄した。(28) すなわちエイジェンシィ・ショップは、タ・ハ法上合法たることが確定したわけである。

二　勤労権立法とエイジェンシィ・ショップ

タ・ハ法一四条(b)は、「本法のいかなる規定も、雇用の条件として労働団体の構成員となることを要求する協定の執行または適用が州または准州の法によって禁止されている場合には、その州または准州において、かかる協定の執行または適用を効力あらしめるように解釈されてはならない」と規定し、組合保障制の領域における州法の連邦法に対する優位性を認めた。

農業労働者にだけ適用されるルイジアナの勤労権立法をも含めると現在では二一の州が組合保障制を規律する勤労権立法を有しているが、(29)その中一三の州は、勤労権立法の中にユニオン・ショップと並んでエイジェンシィ・ショップに対する明確な禁止規定をおいている。(30)

残りの八州(31)は、いずれも「雇用の条件として労働組合の組合員となること」を要求する協定を明示的に禁止しているが、組合加入費または組合費相当額の金員の支払を要求する協定については沈黙を保っている。したがってエイジェンシィ・ショップの合法性については、必ずしも明確ではないのである。勤労権立法を有する州におけるエイジェンシィ・ショップの合法性をめぐっての争いが、とりわけこれらの州から起ってきたことは極めて自然のなりゆきであろう。

この領域における重要なケースの第一は、インディアナ州のMeade Electric Co.事件である。

一九五八年、会社はインディアナ・レーク・カウンティ裁判所にエイジェンシィ・ショップ要求のための組合側のピケッティングを差止める命令を求めた。同事件においては、第一に組合の要求するエイジェンシィ・ショップが同州の勤労権法に違反するものであるかどうかが争われたのである。同裁判所は形式的には、インディアナ勤労権法には、組合に対する組合加入費および組合費の支払を雇用の条件とする協約を明示的に禁止する規定が存在しないこと、また実質的にも組合は排他的交渉団体であり、すべての従業員は、組合員であるか否かを問わず団体交渉の成果を享有するわけであるから、その費用を分担するのは公平であること等の理由から、エイジェンシィ・ショップはインディアナ勤労権法の下において合法と判断した。(32)

会社側は直ちにインディアナ控訴裁判所に控訴した。しかし同裁判所は、エイジェンシィ・ショップ要求のためのピケッティングを正当とした原審判決を支持した。控訴裁判所は、(イ)同州の勤労権法にはとくに罰則が附されていることから、厳格な解釈が要求されること、(ロ)インディアナが勤労権法を制定したときにはすでにいくつかの州が勤労権立法を有しており、これらの州はエイジェンシィ・ショップを明示的に禁止していたこと等から立法者が黙示的にエイジェンシィ・ショップの禁止を意図していたとは考えられないとし、同州におけるエイジェンシィ・ショップの合法性を認めた。(33)

しかしその他の州においては、エイジェンシィ・ショップの合法性は否定的に解された。

まずアリゾナでは、Baldwin v. Arizona Flame Restaurant事件においてエイジェンシィ・ショップの非合法性が確立された。事案は、一九五四年に組合（Hotel and Restaurant Employees' and Bartenders' Union）がエイジェンシィ・ショップを含む四項目の協約締結を要求してストライキを行ったのに対し、会社側が同州マリコパ・カウンティ上級裁判所にインジャンクションを求めたものである。同裁判所は、「雇用を獲得または保持するために、組合費と同額の賦課金の支払を非組合員に要求する契約を法認するためには、現行法の最も狭くかつ非現実的な解釈が必要であろう。」と述べつつ、エイジェンシィ・ショップ協定がアリゾナ勤労権法に明白に違反すると判断するのは

裁判所の義務であるとした。(34)

組合側は直ちに同州最高裁に上訴したが、最高裁は原審の発したインジャンクションを正当とした。但し組合側の他の要求項目を違法とすることにより、エイジェンシィ・ショップの合法性を真正面から判断することを避けた。(35)

ついでカンザス州では、Higgins v. Cardinal Mfg. Co. 事件により、エイジェンシィ・ショップが違法とされた。本件は、非組合員である原告が、エイジェンシィ・ショップ協定の違法性を主張し、その履行を差止める命令を裁判所に求めたものである。

第一審判決は、エイジェンシィ・ショップ協定がカンザス憲法一五条一二項（一般に修正勤労権 "right-to-work amendment" と呼ばれる）に反するものではないとして、原告側を敗訴させたが、上告審では、カンザス最高裁は、エイジェンシィ・ショップ協定を違法として原審を破棄した。

上告審において組合側は、(イ)カンザス州は最も遅く勤労権立法を制定した州の一つであること、(ロ)エイジェンシィ・ショップを明示的に禁止する、より制限的な立法を通過させようとした試みが不成功に終っていること等から立法者はエイジェンシィ・ショップを禁ずる意図がなかったと主張し、前述したMeade caseを援用した。しかし最高裁は、(イ)インディアナ勤労権法には刑罰が附されているから厳格な解釈が必要であるが、カンザス州の場合には別の解釈原理が要請される、(ロ)連邦法の下においては、ユニオン・ショップですら、雇用の条件として組合費の支払しか要求できないのであるから、エイジェンシィ・ショップとユニオン・ショップは同等であり、また、(ハ)タ・ハ法一四条(b)により州はすべての組合保障制を禁止しうるものであるから、カンザス州の立法者は、すべての組合保障制の禁止を意図していたとみるのが相当であると述べ、明示の禁止規定がなくても条文のかくされた意味としてエイジェンシィ・ショップは禁じられていると判断した。(36)

これらの争いに終止符をうった最も重要なケースは、フロリダ州のRetail Clerks, Local 1625 v. Schermerhorn事件である。

一九六〇年十月、組合は会社（Food Fair Stores）とエイジェンシィ・ショップを含む協約を締結したが、四人の非組合員である従業員は、エイジェンシィ・ショップ協定が無効であり、執行しえない旨を主張し、会社と組合を相手どってインジャンクションを求めた。第一審判決は、エイジェンシィ・ショップの合法性を認め、請求を棄却したが[37]、フロリダ最高裁は、同協定は勤労権立法であるフロリダ憲法一二条に違反するとして原判決を破棄した[38]。

そこで組合は、合衆国最高裁に上告し、勤労権立法に明確な禁止規定をもたない州におけるエイジェンシィ・ショップの合法性の問題が最終的に判断されることになったのである。

上告審において組合は、(イ)タ・ハ法一四条(b)は州に対し、「組合員たること」を要求する協定のみを違法とすることを認めており、エイジェンシィ・ショップは「組合員たること」を要求するものではない、(ロ)本件のエイジェンシィ・ショップ協定はGener1 Motors caseのそれと異り、非組合員に対し、交渉代表としての法律上の義務と責任に関連する費用の支出につき組合を援助する目的のために、サービス費の支払のみを要求するものであると主張した。

しかし最高裁は、第一点については、(イ)タ・ハ法一四条(b)により州の規制の対象となりうる組合保障協定は、同法八条(a)(3)の規定するものと同一である、(ロ)エイジェンシィ・ショップは、ユニオン・ショップと「実際上の同等物」(practical equivalent)としてタ・ハ法八条(a)(3)により認められているのであるから、同じように一四条(b)によって州法により禁止されうる、と判断した。

また第二点については、(イ)非組合員により支払われるサービス費が、団体交渉のためにのみ使われるかどうかは重要なことではない、(ロ)組合のいうサービス費は正確に組合加入費および毎月の組合費と同額であるから、組合側の主張は、実質的であるというよりは帳簿上の意味しかもたないとして、General Motors caseの論理が、本件にも適用されることを明らかにしたのである。

このようにしてタ・ハ法八条(a)(3)および一四条(b)のいう「組合員たることを雇用条件とする協定」の中には、エイジェンシィ・ショップ協定も含まれることが明らかとなり、したがってエイジェンシィ・ショップに対する明示的な禁止規定を欠く勤労権立法も、同協定を違法としていることが明確にされたのである。(39)

(21)　89 NLRB 418 (1950).
(22)　98 NLRB 800 (1952).
(23)　47 LRRM 1306 (1961).
(24)　タ・ハ法一〇条(d)により、事件の記録が裁判所にファイルされるまではNLRBは命令の全部または一部を修正し、または取消すことができるようになっている。
(25)　48 LRRM 1659 (1961), 133 NLRB No. 21.
(26)　General Motors Co. v. NLRB, (U.S.C.A. 6th Cir.) 303 F.2d 428, 50 LRRM 2396 (1962).
(27)　注(4)参照。
(28)　53 LRRM 2313 (1963).
(29)　注(6)参照。
(30)　アラバマ、アーカンソー、ジョージア、アイオワ、ルイジアナ、ミシシッピー、ネブラスカ、ノース・キャロライナ、サウス・キャロライナ、テネシー、ユタ、バージニア、ワィオーミング。典型的な規定はつぎのとおりである。

「アラバマ勤労権法

第三条　何人も、使用者により、雇入または雇用継続の条件として労働組合または労働団体の構成員となり、もしくは構成員としてとどまることを要求されない。

第五条　使用者は、何人に対しても、雇入または雇用継続の条件として、組合費、入会金その他いかなる種類の賦課金をも、労働組合もしくは労働団体に支払うよう要求してはならない。(Ala. Code Ann. tit. 26, 375 (1958)).

(31) アリゾナ、フロリダ、インディアナ、カンザス、ネバダ、ノース・ダコタ、サウス・ダコタ、テキサス。

(32) Meade Electric Co. v. Hagberg, 34 Labor Cases 71, 525.

(33) 159 N.E.2d 408, 44 LRRM 2312, (Ind. App. 1959).

(34) Ariz.Super.Ct., 1954, 34 LRRM 2707.

(35) 82 Ariz. 385, 313 P. 2d 759 (1957), 40 LRRM 2375.

(36) 188 Kan. 11, 360 P. 2d 456 (1961).

(37) Fla.Cir.Ct., 1961, 47 LRRM 2300 (1961).

(38) 141 So.2d 269, 50 LRRM 2055 (1962).

(39) 53 LRRM 2318 (1963).

四　むすび

これまでに概観してきたように、最近の最高裁判決により、エイジェンシィ・ショップは、ユニオン・ショップと同じく連邦法上合法であるが、勤労権立法を有する州においては違法という結論が下された。先にも指摘したように、エイジェンシィ・ショップは、主として勤労権立法を有する州においてユニオン・ショップに代るものとして発達してきたものであるから、General Motors Caseの与える影響は極めて少ないであろう。また勤労権立法を有する二一の州においても一三がすでに明示的にエイジェンシィ・ショップを禁止しており、残りの八州についても、アリゾナ、フロリダ、カンザスはそれぞれ州最高裁の判決によって違法と判断され、またネバダ、テキサス、ノース・ダコタ、サウス・ダコタではエイジェンシィ・ショップを違法とする州の検事総長（Attoney General）の意見が出されていたから、(40) Retail Clerks 判決の影響をうけるのはインディアナ州だけということになる。

このようにしてエイジェンシィ・ショップ論争は一応終止符をうったとはいえ、最高裁判決の論理を仔細に検討すればいくつかの問題点が残されていることに気がつく。

第一に最高裁判決は、タ・ハ法の下においては、ユニオン・ショップも組合加入費または組合費の支払しか雇用継続の条件とすることができないゆえに、実質的に組合加入費または組合費と等しい金額の賦課金の支払を雇用の条件とするエイジェンシィ・ショップは、実際上ユニオン・ショップと同等のものであるとする。それならば、厳密に団体交渉費として非組合員には組合費より低い金額の賦課金の支払を求めるエイジェンシィ・ショップ協定を締結した場合にはどうなるのであろうか。最高裁判決の論理はこのような場合には貫きにくいような気がする。

第二は管轄権の問題である。エイジェンシィ・ショップ協定が違法とされる州においては、その締結を目的とする組合の行為は、明らかにタ・ハ法上の不当労働行為（八条(b)(2)）である。そうだとすればそれに対する救済は、NLRBに求めなければならないことになり、州の裁判所はインジャンクションを発することができないことになる。Retail Clerks判決では、この点はもちこされている。

エイジェンシィ・ショップの合法性の問題は、タ・ハ法七条、八条(a)(3)、一四条(b)における「雇用条件として組合員たるべき」協定という文言の解釈にかかわるものであった。それを文字通り狭く解釈するか、実質的に広く解釈するかによって結論が異るわけであるが、連邦法上合法とするためには広く解釈せねばならず、明示の禁止規定をもたない州の勤労権法上合法とするためには狭く解釈しなければならないというヂレンマに組合側はおちいったわけである。エイジェンシィ・ショップは、前述のとおり、(イ)意に反して組合加入を強制されるべきではないという思想と、(ロ)フリー・ライダーとして団交の成果のみを享有するのは公平ではないという思想の妥協の産物として生れてきたものであるが、タ・ハ法でもこの思想は同時に混在しているように思われる。そこで前者にアクセントをおけば、議会はタ・ハ法一四条(b)により、あらゆる形態の組合保障制を禁止しうる権限を州に与えたと解釈することができ、また後者にアクセントをおけば、「雇用条件として組合員たること」を要求する協定とエイジェンシィ・ショップとは別個のものであるが、フリー・ライダーの存在を否定しようとしているタ・ハ法の趣旨からみてタ・ハ法上合法的なものであり、さらに連邦法上保護せられたものとして州はこれを禁止しえないという解釈が成立ちうるわけである。このいずれに力点をおくかの選択は、やはり裁判所あるいは州の立法府ではなく、合衆国議会が最もよくなしうるものであろう。

しかし、われわれはまた、エイジェンシィ・ショップが新しい原理に導かれていることにも留意しなければならない。すなわちタ・ハ法の下において組合が交渉代表となるためには、交渉単位内の従業員の過半数の支持が必要であり（九条(a)）、交渉代表たる組合がその機能を十分に果していないときには、従業員の直接無記名投票により交渉権限を取消される（九条(e)(1)）ことがあるのである。そして、一旦交渉代表となった場合には、組合は交渉単位内の全従業員を代表しなければならないのであり、組合の締結した協約は、組合員であるか否かを問わず全従業員に自動的に拡張適用される。このような法制度の下においては、従業員は、自ら選んだ代表に対し、当然にその成果を享有しうる団体交渉の費用を拠出することは公平であるという主張も成立ちうるのではなかろうか。立法者がタ・ハ法の改正によりさらにこの点を明確にすることは極めて妥当であるように思われる。[41]

（40）　SLL 38:288, SLL 54:281, SLL 22:276, SLL 52:267.

（41）　エイジェンシィ・ショップに関連して、なお、チェック・オフとの関係、エイジェンシィ・ショップの労働運動における意義、その功罪、比較法的検討（とくにカナダ法および法律上これを認めるスイス法等）などふれなければならない問題は多いが、他日に譲りたい。

第三章　組合加入権の法理——アメリカ法を中心として

一　序　言

労働組合の交渉力が、労働市場を組合がどれほど掌握しているかということにかかわっている以上、労働組合が組織の拡大に熱意を示すのは極めて自然なことである。したがって労働組合は、一般に加入希望者をよろこんで迎えているのが実状であろう。しかし、ときによっては組合員数の減少や組合費の喪失を敢て犠牲にしても特定組合員の除名が行われるのと同じように、その数は極めて僅かであるとはいえ、特定労働者の組合加入が拒否される場合がないわけではない。わが国では、第一組合と第二組合が分裂した際に、第一組合の幹部であった者の第二組合への加入が拒否されるといった事例がみられたし[1]、組合規約によって臨時工の組合加入を否定している例もしばしばみうけられるところである。比較的この種の事例の少ないイギリスでも、二重組合加盟を禁止したり、反組合的行為のあった者の加入を禁じたり(木材労働組合)、イギリスに一二カ月以上居住していない外国人の組合加入を拒否したり(音楽家組合)しているし[2]、フランスでも外国人労働者や反組合的活動を行った者の組合加入を拒否したり、あるいは政治的信条や宗教的理由に基づく加入拒否の問題が起っている[3]。人種や社会構成の複雑さに対応してこの種の事例が各国に比し相対的に多いと思われるのはアメリカである[4]。アメリカでは後述するように、長い間、黒人や移民労働者の差別待遇が組合加入の拒否という形で行われてきたし、政治的信条や宗教あるいは、性別を理由とする組合加入拒否の事例も報告されている。

そして、組合加入の拒否に対する法的救済は、各国とも、労働組合が自主的・任意的な団体であるところから、組合規約によりその構成員の資格は自由に定めうるとして拒否されてきた。しかし、労働組合の組織化が進み、その権能が強まるにつれて、組合への加入問題に対する法的不介入の原則は動揺せざるをえなかった。労働組合がクローズド・ショップあるいはユニオン・ショップ協定を締結している場合には、組合加入拒否は同時にその労働者が職を得ることをも否定する結果となるし、仮にこのような協定がなく、労働者の就業が妨げられていないとしても、組合から排除されている場合には、彼等は、実質上、労働条件の決定に参画しえず、自己の利益擁護を十分に行うことができないという不利な立場に立たざるをえなくなる。とくに組合の締結する協約が、国家法を媒介として拡張適用される場合には、右に述べたような不都合は一層明白である。そこで各国とも、組合加入拒否がクローズド・ショップないしユニオン・ショップ協定と一体をなしているときには、労働権を侵害する故に許されないとか、あるいは組合がクローズド・ショップ協定をもっているとか、組合の締結した協約が拡張適用されるような状態にあるときは、組合はいわば準公的な地位にある故に、組合の目的と無関係な理由による加入拒否は許されないとして個々の労働者の救済に向ってきている。本稿は、組合加入拒否の事例の比較的豊富なアメリカにおいてそれがどのような問題を含んでいるか、そして法的にはどのような取扱いをうけてきたかを解明し、組合の内部問題の究明に対する一つの資料を提供することを目的とする。

（1）東邦亜鉛解雇事件、昭三一・五・九東京地判、労民集七・三・四六二。
（2）R. W. Rideout, The right to membership of a trade union, 1963, p. 5.
（3）P. Durand, Traité de droit du travail, t. III, 1956, pp. 213-216.
（4）See, Summers, "Admission policies of labor unions," The Quarterly Journal of Ecomnics, nov. 1946, pp. 66-107.

二　組合加入拒否の実態

アメリカでは、組合加入の拒否は、市民権の欠如（移民ないし外国人労働者）、政治的信条、宗教、性別、人種などを理由として行われているが、それらのうち、宗教上の理由による組合加入の拒否はネグリジブルであり[5]、市民権の欠如を理由とするものも、今日では一般的ではなく[6]、女子労働者の組合からの締め出しも減少しつつあり[7]、また政治的信条を理由とする加入拒否も実際には殆んど行われていないといわれている[8]。

（5）　前記（注（4））サマーズ教授の調査によれば、全国的に重要な一八五のinternational unionsの組合規約の中、二組合だけが宗教上の理由による加入の制限を行っている。すなわち、Master, Mates, and Pilots Unionの規約では、「宇宙の創造主、神の強固な信心者」であることが組合加入の条件となっており、Railway Carmenの組合規約にも「神の存在を信ずる者」でなければ組合員となることができない旨の規定がある。しかしこのような漠然とした規定を組合が果して厳格に履行しているかどうかは疑わしいとされている。ただ実際問題としてローカル・ユニオンがカトリック教徒あるいはユダヤ人を差別することがあるが、これもその証拠を見出すことは極めて困難であるといわれている。Summers, id. at 76.

（6）　かつては移民労働者がスト破りやチープ・レーバーの源となっていたため、組合加入の資格として市民権を有することを要求する組合が多く、組合側の移民労働者に対する反感はついに一九二四年の移民法（National Origins Act）を制定させたほどであった。しかし前記サマーズ教授の調査では、Carpenters, Hodcarriers, Teamstersなど二二の組合がアメリカ市民となる意思を有している旨の誓約書の提出を要求しているにすぎない。

（7）　初期の労働組合は、一面において、男子労働者のための社交クラブ的な役割をもっていたため、女子労働者の加入は禁ぜられていた（Wolfson, The Woman and the Trade Union, 1925, p. 55)。また組合が組合員の労働条件の改善にのり出してからも、仕事口が女子に奪われることをおそれて、女子の組合加入は制限されていた（Wolfe, Admission to American Trade Unions, 1912, chap. Ⅳ.)。しかし産業の発展に伴なう女子労働者の進出、とくに第二次大戦中の女子労働者の活躍に伴なって加入の制限は減少し（Hewitt, The Right to Membership in a Labor Union, 99 Univ. Pa. L. Rev. 919, at 920, 1951)、今日では railroad unionsや、一部のクラフト・ユニオンが女子に対する制限を行っているにすぎない。サマーズ教授の調査では八つのinternationals が女子労働者の組合加入拒否を行い（Id. at 77)、American Civil Liberties Union の調査では約二五の national unions が女子労働者を排除しているという（American Civil Liberties Union, Democracy in Trade Unions, 1943, p. 16)。

(8)　サマーズ教授の調査では約三〇のinternationalsの組合規約が政治的信条を理由として組合加入を拒否する規定を有している (id. at 75)。その大部分が共産党員もしくは共産主義者を対象とするものであることはいうまでもないが、組合規約には、例えばWoodworkersのように、「コミュニスト、ナチおよびファッシスト党員」を除くとか、The United Mine WorkersのようにI. W. W. およびKu Klux Klanのメンバーを除くというように対象を特定している場合と、Rubber Workersのように「民主的な形態の政府を顛覆する目的を有する団体」の構成員を除くとか、Bill Postersのように「暴力による政府の顛覆を鼓吹する者」を除くというように抽象的に規定しているものもある。しかし実際上、組合加入に際して特定の労働者の政治的信条を識別することは極めて困難である故に、これらの組合規約はほとんど履行されていないといわれている（American Civil Liberties Union, op. cit., p. 11)。問題はむしろ組合員の除名について発生している。特定の政治的信条を有する者を組合から排除しようとする組合規約は、アメリカでは、実際問題として組合幹部に敵対する分子ないしは組合幹部の政治的信条と異なるイデオロギーをもつ組合員を組合から排除することに使われ、執行部に事実上大きな権限を与えているようである（Schneider, The Workers Party and American Trade Unions, 1927; Perlman and Taft, History of Labor, 1933, ch. 40; Lorwin, American Federation of Labor, 1933, p. 250)。

したがって、主として人種とくに黒人労働者を対象とする組合加入の拒否が最も大きな問題をはらんでいるわけである。周知のとおり、労働組合の黒人労働者に対する差別待遇は、アメリカでは労働運動とともに始まるといってもよい位古くから存在している。

元来、アメリカのクラフト・ユニオンは、仕事口を確保し、仲間に高賃金を保障するために、例えば非組合員と一緒には働かないとか、非組合員を雇用する使用者をボイコットするといった方法を用いたり、あるいはクローズド・ショップ協定を締結したりして労働市場を一手に組合の手中に納める努力を払うと同時に、新たな競争者の出現をおそれて組合をできるかぎり閉鎖的なものにしようとした。そのために、組合の門は移民労働者、女子、黒人などに対してかたく鎖されていたのである。英語がうまく話せず、また生活水準の相違から低賃金労働にも甘んじがちであった移民労働者は、それなりに労働者仲間から差別をうけ、苦難な生活を送らざるをえなかったが、その二世になると事情は変り、とくに白人労働者の場合には、言語、風俗、習慣の同一性からほとんど差別待遇なしに労働市場にくみ入れられていった。しかし黒人の場合には、このような世代による変化は全くみられない。奴隷解放後も長い間の慣行や社会的偏見から、黒人の雇用は依然として農業労働や下男・下女といった家事労働にかぎられていたし、黒人が比較的多く雇用されていた鍛冶屋、左官、石工といった職業においても、白人労働者は、その優越性を保つために、黒人を仲間として組合に迎えようとはしなかったのである。

しかし、産業の発達とともに、黒人労働者も次第に工場にかり出されていき、労働組合もまた、典型的には黒人を含む未熟練労働者をも組織の中に包含する産業別組合へと再編成されていった。そしてＡＦＬおよびＣＩＯも、すべての労働者の組織化なしには労働市場の完全な統制はありえないとして、再三、黒人労働者に対する差別の撤廃を呼びかけたのである。(9)しかしながら、とくにクラフト・ユニオンの流れをひく一部の組合は、依然として黒人労働者に対する差別待遇を改めず、問題を今日にまで持ちこしている。

さすがに今日では、「白人でなければ組合員となることができない」という明示の規約をもつ全国組合の数は減少している[10]が、黒人に対する組合加入の拒否は、事実上さまざまな方法で行われている。

例えば航空機操縦士組合を初めとする十余の全国組合[11]では、確立された慣行として黒人労働者の組合加入を認めていないし、ボイラー製作工を初めとする若干の組合[12]では、白人労働者のみのいわゆる“lily white” localに付属する黒人労働者向けの“Jim Crow” auxiliariesを設け、黒人労働者はすべてそちらの方に加入させているものもある。しかし黒人労働者が、この付属組合に加入できたとしても、組合役員は白人組合の幹部が兼任することになっているし、黒人は、組合の運営についての発言権はなく、団体交渉や苦情処理、仕事の割りふりなどすべて白人組合の幹部が行う[13]ことになっているため、組合加入とは名目のみで、実質的には組合加入の拒否がなされているわけである。

末端のローカル・ユニオンの段階では、もっと巧妙な方法がとられている。例えば、組合に加入するには二名以上の組合員の推薦を要するとか、組合員の過半数の支持を要するといった組合規約を利用して実質上黒人を締め出したり、法外に高額な入会金を賦課することによって黒人を排除したり、大工組合や煉瓦工組合などでは組合が行う技術試験を利用して黒人労働者をふるいおとし、鉛管工、電気工、映写技師など州の免許証が必要な職業では技能資格試験の委員の過半数が組合から選出されているため、この試験が組合加入拒否の手段として利用されたりしている。

このように黒人労働者に対する組合加入拒否は、主として技術関係並びに鉄道関係の組合を中心として行われているが、組合加入を制限する理由としては、つぎの諸点をあげることができる。

第一は、組合員をチープ・レーバーの脅威から守るためである。潜在的に低賃金への道を開き、場合によっては自分達の仕事を奪う恐れのある未熟練労働者をできるかぎり制限し、組合員に十分な仕事口と適切な賃金を確保していこうということが動機となって、移民労働者、黒人労働者、女子労働者などに対する組合加入の拒否が行われ、なかでも黒人が一番大きな犠牲をうけたのである。

第二に、組合の団結が乱されることを恐れて加入拒否が行われている。アメリカでは、使用者がしばしば移民労働者、黒人労働者をスト破りに使ったために、彼等に対する反感は根強いものになっており、この面からも移民労働者や黒人の組合加入については反対の声が強いのであるが、とくに黒人労働者の場合には、社会的偏見とあいまって、黒人を組合に入れると白人労働者が黒人のいない敵対組合に走る可能性が予想されるし、そうでなくても内部的不和を醸成し、団結力が弱められるといった理由から組合からの排除がなされているのである。

最後に、組合員自身の長い間に亘る黒人に対する社会的偏見が、そのまま組合の中にも持ち込まれ、黒人の組合加入拒否となって現われていることも大きな理由としてあげておかなければならないであろう。

技能者養成制度や、その州で一定の職業に就くために必要な技能者資格試験に組合が関与している場合には、組合加入拒否は、そのまま、クローズド・ショップ協定が結ばれているときと同じように働く権利を労働者から奪うことになるが、労働者が職に就いている場合でも、アメリカでは交渉単位制がとられているために、組合加入拒否はいくつかの問題を惹起する。タ・ハ法により一定の交渉単位内の過半数の労働者を代表する労働組合が、排他的交渉団体の資格をうると、その組合は、交渉単位内のすべての労働者を代表することになっており、組合が締結した協約は、組合員であるか非組合員であるかを問わず、すべての労働者に自動的に拡張適用される。ある白人だけの組合の顧問弁護士は「ニグロは、組合費を納めなくとも、団体交渉の成果を手に入れることができるのであるから、このような状態に満足すべきであろう」と述べ[14]、交渉単位制下の組合加入拒否はなんら問題がないことを示唆しているが、これが形式的・皮相的な見解であることはいうまでもないであろう。黒人労働者の組合加入が認められていない場合には、会社が黒人を雇用上差別待遇し、就業規則を黒人に不利に定めても、例えば黒人には雑役その他のいわゆる賤業しか割り当てないようにしても、組合はそれについて恐らくなんらの発言もしないであろうし、団体交渉においても、組合は、黒人の利益を考慮することなしに賃金その他の労働条件を取り決めるであろう。とくに先任権の制度を通じて、組合が黒人を不利な立場におくことは、一般的に行われていることがらである。かくて黒人労働者は、事情を知らされない状態におかれたまま不利なルールが確立され、適用されていく。

このような、主として黒人労働者に対する組合側の差別待遇は、もちろん労働運動の中で自ら是正されていくべきものであろう。しかしそれには長い年月を必要とする。そうだとすれば、この分野においても、なんらかの法的救済が要請される。それがアメリカではどのように行われているかを逐次検討してみることにしよう。

（9）Franklin, Negro Labor Unionists in New York (1936), App. II; Northrup, Organized Labor and the Negro (1944), pp. 8. et seq.

（10）一九四〇年には、二六の全国組合が組合員資格を白人に限定する組合規約を有していたが、今日ではBrotherhood of Locomotive Firemen and Enginemenだけが明示の規定を有しているにすぎないとされている（U. S. Commission on Civil Rights Report, Employment. 1961, p. 140）。

（11）かかる形での加入拒否を行っている組合には、Airline Pilots, Asbestos Workers, Electrical Workers, Flint Glass Workers, Granite Cutters, Masters, Mates, and Pilots, Plumbers, Seafarers, Wire Weavers, Mirine Firemen, Railway Shop Crafts, Railroad Yardmasters of America, Train Dispatchersなどがある（Summers, id. at 71)。

(12) Boilermakers, Blacksmiths, Sheet Metal Workers, Maintenance of Way Employees, Seafarersなどの組合にかかる例がみられる。(Norgren, Employing the Negro in American Industry, 1959, p. 166)。

(13) Northrup, op. cit., p. 3.

(14) See, Rauh, "Civil Rights and Liberties and Labor Unions," 8 Lab L. J. 874 (1957).

三　組合加入権の法的保護

一　組合加入問題に対する裁判所の伝統的態度

アメリカでも、労働組合は、長い間、各種のクラブや友愛会、教会などと同一の任意団体とみられ[15]、任意団体に適用されるのと同一の法が労働組合にも適用されると考えられていた。

例えば、Mayer v. Journeymen Stonecutters Association (1890)[16] において、ニュージャージー州衡平裁判所は、組合への加入権を否定しつつ、つぎのように述べている。

「団体は、その構成員の資格を定める明確な権利を有している。団体は、構成員の資格を自由に排他的に定めうる。団体は、市民権、国籍、年令、信条、職業および人数について制限を付すことができる。この権限は、任意団体としての組合の性格に付随するものであり、司法審査の対象となりえないものである。」したがって労働組合は、特定の者の組合加入を認めることも、拒否することも自由であり、かかる自由なくしては、団体の存立は保てないとされたのである。

このように労働組合が、各種のクラブと同じような任意団体と考えられたことについては、当時の社会的背景と併せて考察してみることが必要である。当時の労働組合は、今日のそれと異り、多くの組合は、労働者仲間のクラブあるいは友愛組合（friendly society）として生れ、団体交渉や争議行為といった労働組合の機能は、むしろ付随的に、かつ徐々にしか行使されなかった。(17) 例えば、鉄道関係の諸組合も、それが結成された一八七〇年代には相互扶助のみを目的とし、一八九〇年代までは、団体交渉すら行おうとはしなかったのである。(18) 組織労働者の数も、約五〇万人にすぎず、(19) 組織化も、鉱山、建築、運輸関係等のかぎられた業種において行われていたにすぎない。しかも、ほとんどすべての組合は、クラフト・ユニオンであり、高度の人間的信頼関係によって結びついた小さな団結であったのである。

したがって、裁判所が、労働組合を任意団体として扱い、組合の内部問題に不介入の態度をとったことは、ある面では無理からぬことであったともいいうるであろう。

しかしながら、一九三三年以後のほとんど革命的ともいいうるほどの労働組合の進展と労使関係の変動は、事態を一変させてしまった。ニュー・ディール以後の労働者に好意的な労働政策と、ワグナー法による団結権の法認により、労働者の組織化は急速に進み、重要産業にはほとんど全国に亘って労働組合が結成された。組織労働者の数は、千万人以上におよびローカル・ユニオンの多くは四万人以上の組合員をかかえる大組合となったのである。

(15) Greenwood v. Building Trades Council of Sacramento, 71 Cal. App. 159, 169, 233 Pac. 823, 827 (1925)
(16) 47. N. J. Eq. 519, 20 Atl. 492 (1890); See also Simmons v. Berry (1924), 210 App. Div. 90, 205 N. Y. S. 442; Muller v. Bricklayers' Masons' etc. of America (1928), 6 N. J. Misc. 226, 140 Atl. 424.
(17) Commons, Trade Unionism and Labor Problems, 1921, p. 349.
(18) Kennedy, Beneficiary Features of American Trade Unions, 1908, p. 26.
(19) 当時の組合員数は、つぎのように評価せられている。一八八〇年――四万六千人、一八八五年――三〇万二千人、一八九〇年――五二万八千人、一八九五年――四四万五千人（Wolman, The Growth of American Trade

Unions, 1942, p. 32)。

二　コモン・ロー上の権利

ニュー・ディール以降のこのような労働組合の急激な発展と、その機能の変化は、労働組合に対し、従来の任意団体とは異なった新たな考察を要請した。

組合の内部問題についての裁判所の伝統的な態度は、まずクローズド・ショップないしユニオン・ショップ協定をもつ組合の行う加入拒否の問題をきっかけとして破られていった。

先にもふれたとおり、当初から、移民労働者や黒人労働者、女子労働者などの低賃金労働者の問題に直面しなければならなかったアメリカの労働組合は、団結を守り、高賃金を維持するための自己防衛策としてクローズド・ショップ制の獲得に熱意を示したのであるが、一八九〇年代にクローズド・ショップ協定が違法視されなくなる[20]につれ、それはほとんどの産業へとひろまっていった。

しかし、クローズド・ショップ協定と組合加入を制限するクローズド・ユニオンの政策とが併存する場合には、その危険性は明白である[21]。労働組合の組織化が完全に行われ、組合が特定地域の労働市場を独占している場合には、組合加入の拒否は、そのまま、その地域で職に就くことを否定する結果となる。サマーズ教授は、「クラブから、ある者を排除することは、彼に愉しい夕食を共にすることを拒否することであるが、労働者を組合から排除することは、彼に食べる権利を否定することである[22]」（傍点筆者）と述べて、この問題の重要性を指摘している。

クローズド・ショップの増加につれて、組合の門戸はすべての労働者に開かれなければならないという声が立法および司法部内で起ってきたことは自然のなりゆきであろう。若干の裁判所は、コモン・ローに準拠しつつ、個人の仕事に就く権利を保護しようと試みた。

まず、Wilson v. Newspaper and Mail Deliverers' Union (1938)(23) において、ニュー・ジャージー州衡平裁判所は、一定の地域で非組合員の仕事がえられないほどの仕事の独占を組合が行っている場合には、法的な救済が認められる旨を明らかにした。この事件の原告は、ニューアーク市の新聞販売会社の従業員であるが、会社と組合がクローズド・ショップ協定を締結したので、直ちに組合加入の申し込みをしたところ、「多くの組合員が失業中であるため、組合は新規加入を認めていない」として拒否された。しかるに組合は、会社に対し、原告の雇用を継続することは、協定違反であるとの申し入れをしたため、組合に対し、雇用を妨害してはならない旨のインジャンクションを求めたものである。

裁判所は、原告の仕事の性質からみて、会社がニューアーク市における唯一の仕事場であると認定した上で、「実質的に労働の独占を生ずるような効果をもつ場合には、クローズド・ショップ協定は、公序（public policy）に反する」として、原告の請求を認めた。

一方、不法行為のリステイトメント八一〇条によれば、「特定の被用者が組合に加入することを希望しているにもかかわらず、合理的でない理由により組合加入が認められていない場合に、労働者達が、共同して、非組合員であることを理由にその被用者の解雇を要求することは不法行為を成立させる」とされているが、この理論は、James v. Marinship Corporation (1944)(24) に適用されているように思われる。

このケースにおける被告は、クローズド・ショップ協定により、大平洋岸の造船労働を独占している組合(International Brotherhood of Boilermakers, Iron Shipbuilders and Helpers of Americaとその Local No. 6）であり、原告は、被告組合の中に設けられた付属組合に加入することを条件として造船業に働くことを認められている黒人労働者の一人である。原告は黒人だけの付属組合がおかれている劣性な地位に不満を抱き、ニグロを代表して付属組合に対する組合費の支払を拒否し、同時に、会社および組合を相手どってクローズド・ショップ協定にもとづく解雇を行ってはならない旨の訴を提起した。この事件の基本的な問題は、組合が、完全な、あるいは部分的な組合加入の制限を恣意的に行っている場合に、クローズド・ショップ協定を適法に履行しうるかどうかということである。

裁判所は、これを否定的に解し、つぎのように述べている。

「組合が、本件のように、クローズド・ショップ協定およびその他の形態の集団的行為によって、労働の供給独占を行っている場合には、組合は、公共的サービスの業務に類似する準公的地位（quasi-public position）を帯び、それに応ずるなんらかの義務を負うものである。組合は、もはやゴルフ・クラブや友愛会の享有する法的拘束からの自由を同じように要求することは許されない。組合側の主張する、組合員を選択する権利は、単に社交的関係にかかわるだけではなく、それは、基本的な、生活のために働く権利に影響をもつのである」。

このようにカリフォルニヤの裁判所は、この事件では、ある程度、独占という要素を判決の基礎にとり入れているが、その後の判例では、労働市場の独占は、必ずしも法的救済に不可欠のものではなく、重要なことは、クローズド・ショップ協定と恣意的な組合加入の拒否が一体をなしている場合の不当性にあると判断している(25)。

以上の二つのケースに代表される理論は、組合による差別待遇をうけた個人の権利を法的に救済しうる一つの方法である。しかしながら仕事をうる権利と、組合加入権とが別個の問題であることは、改めて述べるまでもないであろう。労働権は、組合が労働市場を独占しているとき、すなわち、クローズド・ショップ協定ないしユニオン・

ショップ協定を組合が締結しているときに初めて組合加入に関連する問題を提起するのである。クローズド・ショップないしユニオン・ショップ協定が存在せず、組合が労働市場の統制を行っていないところでは、「労働権」の観念は、組合加入拒否の問題には現われてこない。したがって前記ウィルソンおよびマリンシップ事件で樹立された理論は、組合加入拒否の問題については、部分的な救済を行いうるにすぎない。その当否は別として、タ・ハ法がクローズド・ショップを原則として禁止し、ユニオン・ショップに厳しい制約を付し、また多くの州がいわゆる勤労権法によりユニオン・ショップを禁止している[26]現在においては、コモン・ローに準拠するこの判例理論は、実際上は、余り活用されえないものである。より一般的に、組合は、適格者に対し、組合の門戸を開放しなければならないかどうかが検討されなければならない問題である。

(20) See Abelow, "The Closed Shop in New York" 7 Brooklyn L. Rev. 459 (1938); 46 Columbia L. Rev. 132; Handler, Cases on Labor Law, 1944, p. 66, n. 57.

(21) See Newman, "The Closed Union and the Right to Work", 43 Columbia L. Rev. 42 (1943).

(22) Summers, "The Right to join a Union," 47 Colmbia L. Rev. 33 (1947), p. 42.

(23) 123 N. J. Eq. 347, 197 Atl. 720 (1938).

(24) 25 Cal. 2d 721, 155 p. 2d 329.

(25) Williams v. International Brotherhood Boilermakers, 27 Cal.2d 586, 165 P. 2d 903 (1946); Thompson v. Moor Drydock Co., 27 Cal.2d 595, 165 p. 2d 901 (1946); Blakeney v. California Shipbuilding Corp., 16 Lab. Rel. Rep. 571 (Cal.Super. 1945).

(26) 一九四七年のタ・ハ法では、クローズド・ショップを禁止し（ただし一九五九年法により、建築産業においては、容認されることになった）、ユニオン・ショップについては、(イ)当該組合が交渉単位内の排他的交渉代表であること、(ロ)その締結につき、従業員の過半数の支持をうること（ただし、一九五一年の改正により、この投票制度は廃止された)、(ハ)従業員の三〇%以上のものの発議があれば、ユニオン・ショップ協定を破棄するか否かの投票を行うこと、(ニ)ユニオン・ショップ協定の下でも、組合費ないし組合加入費の滞納以外の理由による場合には、除名または組合加入拒否を理由として解雇してはならないこと等の制限を設けた。

また夕・ハ法は、一四条(b)において、組合保障制が州法により規制されている場合には、州法の方が優先的に適用される旨を定めている。現在では二〇州が勤労権法を制定し、ユニオン・ショップを禁止している。

三　組合の差別特遇に対する法的保護

前にも指摘したように、組合加入の拒否が、労働者の働く権利と無関係である場合でも、加入を拒否された労働者は、実質的に不利な立場におかれる。団体交渉は、多くの場合、双方の妥協によって一定の協定に達するが、組合側の譲歩は、しばしば非組合員に不利益なように行われるからである。とくに黒人労働者は、一定の職種ないし職場にかたまっているため、仕事の割り当て、昇進、賃金、一時解雇等々について不利益を蒙りがちである。

団体交渉のプロセスにおけるこのような差別待遇を是正することができれば、組合加入拒否から生ずる弊害のいくらかは救済できる筈である。組合の行う労働条件についての差別待遇は、組合加入権の問題とは直接的な結びつきをもつものではないが、加入拒否に対する法的救済の一つの方法として検討に価する問題である。

この領域におけるリーディング・ケースともいうべきものは、Steel v. Louisville and Nashvill R. Co. (1944)[27]である。鉄道機関士・火夫組合は、長い間、黒人を職場から締め出して白人労働者に代える運動を行ってきたが、その一環として、(イ)白人労働者を、一時解雇および作業割当につき優先的に扱うこと、(ロ)会社は今後白人火夫のみを採用しなければならない、旨の協約を会社と締結した。そこで黒人の機関車火夫スティールが、会社を相手どって、右の協定の履行を差し止めるインジャンクションを求めたのがこの事件である。

最高裁は、「〔鉄道労働〕法は、交渉団体がその構成員の資格を決定する権利を否定してはいないが、組合に対し、会社との団体交渉および協約の締結に際して、非組合員または少数組合の組合員を、敵対的な差別待遇なしに、公平、無私、かつ誠実に代表することを要求している」として労働組合が鉄道労働法の下で、排他的交渉団体の資格をえた以上は、交捗単位内の全員を無差別に代表する義務が課されることを認めた。(28)

スティール・ケースは、労働協約によって明示的に非組合員の労働条件につき差別待遇を行った場合にかかわるものであったが、一九五一年のローラックス・ケースで、(29)連邦高等裁判所（第四区）は、協約上の文言としては差別待遇を行うことが明示されていなくとも、実質的に差別待遇の効果を生ずる場合には、その履行を差し止めることができるとした。

さらにConley v. Gibson (1957)(30)では、スティール・ケースにおける公平代表の原理 (fair representation principle) は、労働組合の日常の活動にも適用されることが明らかにされた。

この事件の事実は、つぎのようなものである。テキサス・ニューオーリーンズ鉄道会社の四五人の黒人労働者は、会社はその職場を廃止するつもりであるからとして解雇の通告をうけた。しかし実際には、その職は廃止されず、黒人が追い出されるにつれて白人労働者が代りに採用された。黒人労働者達は、交渉代表である組合 (Brotherhood of Railway and Steamship Clerks) に対し、再三、会社に対する交渉を依頼したが、組合はこれを拒絶した。そこで彼等は、テキサスの連邦地方裁判所に対し、組合は、黒人労働者達を平等かつ誠実に代表しなかった、このような差別待遇は鉄道労働法の下で、交渉代表から公平に代表される権利を侵害するものであるとして訴を提起した。一審および二審では、黒人労働者達は敗れたが、最高裁は、「団体交渉は、継続的なプロセスである。それは、協約および就業規則の日常の適用、現協約に含まれない新しい問題の解決、および協約によってすでに確保された被用者の権利の保護をも包含する。交渉代表は、協約締結の交渉におけると同様に、これらの機能の遂行に際しても不公平な差別待遇を行うことは許されない」として、黒人労働者達の主張を認めた。

以上の一連のケースは、鉄道労働法下の排他的交渉団体の義務を取扱ったものであるが、最高裁は、つぎのケースにおいてスティール・ケースの公平代表の原理が、タ・ハ法の下においても認められることを明らかにしている。すなわち、Wallace Corp. v. N. L. R. B. (1944)[31] において、最高裁は「法の規定に基づいて選出された交渉代表の義務は、その構成員の利益を単に代表するだけにとどまらない。交渉代表として選出されたことにより、組合は、すべての従業員の利益を公平無私に代表する責を負う全従業員の代表となったのである」と述べ、スティール・ケースの原理がまず、ワグナー法の下においても適用されることを明らかにしたが、Syres v. Oil Workers Local 23 (1956)[32] において、タ・ハ法の下においても引続きこの原理が適用される旨を明らかにしている。

(27)　323 U. S. 192 (1944).
(28)　この事件のコンパニオン・ケースとして、同じ日に同じ原理を適用して Tunstall v. Brotherhood of Locomotive Firemen and Enginemen (323 U. S. 201) の判決の言渡しがなされている。
(29)　Rolax v. Atlantic Coast Line R. Co. 186 F. 2d 473 (CA4, 1951). この事件は、機関車火夫の昇進試験にかかわるものである。機関士・火夫組合は、会社と、すべての火夫は、機関士の資格試験をうくべきこと、試験に合格せず、機関士に昇進しなかった火夫は辞職することという趣旨の協約を結んだ。しかし実際問題として黒人火夫は試験にパスする希望をもつことができなかった。この協約は、実質的に黒人火夫を職場から締め出すことを目的としていたからである。

(30) 355 U.S. 41 (1957).
(31) 323 U.S. 248 (1944).
(32) 350 U.S. 892 (1956).

四　組合加入権の法的保護

交渉代表である組合が、交渉単位内の全労働者を公平に代表せず、非組合員に対し、労働条件その他について差別待遇を行った場合には、その原因となる協約や規則の履行が差し止められ、あるいは組合の交渉代表たる資格が取消される。[33] このような法的制裁により、組合が非組合員に対して行う差別待遇は、ある程度是正されうるであろう。しかし、これが問題の十分な解決策となりえないこともまた明らかである。労働条件についての平等な取扱いは、労働条件の決定への平等な参画の代替物とはなりえないからである。組合の門戸が加入希望者に対し公平に開かれているのでなければ、非組合員に対する差別待遇の慣行は容易には消滅しないであろう。したがって、非組合員は、果して、法的に、組合加入を要求しうる権利を有するかどうかが問題の核心をなすものである。

この点に関しては、まず、労働者は、憲法上の権利として組合加入を要求しうるか否かが問われなければならない。わが国などの場合と異なり、労働基本権についての憲法上の保障を欠くアメリカにおいては、憲法に組合加入問題についてのよりどころを求めるとすれば、憲法修正第五条(「何人も……正当な法の手続によることなく、生命、自由、財産を奪われない」）か、修正第一四条（「いかなる州も、合衆国市民の特権もしくは免除を制限する法を制定しまたは執行してはならない。いかなる州も、正当な法の手続によることなく、何人からもその生命、自由、財産を奪ってはならないし、また、その管轄権内の何人に対しても、法の平等の保護を否定してはならない」）によらざるをえない。しかしこれらの規定は、長い間、連邦または州の統治機関の行為に対する制限にすぎないと理解されてきている。したがって、憲法のこの規定を武器として利用しようとする場合には、労働組合が統治機関の行為(34)（governmental action）となんらかの結びつきをもつことを明らかにしなければならないのである。

学説では早くから、労働組合の行為は、憲法問題を惹起すべきことが主張された。すなわち、労働組合は、全国労働関係法や同様な州法により、団結権の保障をうけ、驚異的な成長を遂げた。労働組合は、場合によっては、使用者の勢力を凌駕しうるほどの大きな力をもち、厖大な組合員の経済的運命を支配している。組合は、組合員に対する関係では公的統治機関と同じような機能を有しているのである。法的にみても、行政機関の手による投票によって排他的交渉団体が決定され、使用者は、右の交渉代表との団交を拒否しえず、かつ協約が締結された場合には統治機関の制裁を担保としてその実効性が確保される。このような法的保護は、すべて公の費用（public expense）において、通商の自由を確保し、公益（public welfare）を促進するためになされている。労働組合に対するこのような権限の付与は、組合の行為を「統治機関の行為」たらしめるに十分であるとされたのである。(35)

組合加入拒否を憲法問題として扱った最初の判決は、Betts v. Easley (1946)(36) である。事案は、Grand Lodge Brotherhood of Railway Carmen から組合加入を拒否された黒人労働者達が、組合が黒人を排除する政策を放棄するまで、交渉代表として行動することを差し止める判決を求めたものである。被告組合は、組合加入拒否について、組合は私的団体として、何人に対しても組合加入を認めまたは拒否する自由を有していると主張した。しかしカンザス最高裁は、連邦法の諸規定によって保障された交渉権限を行使する交渉代表は、合衆国政府の機関（agency of the United States）としての機能を営むものである、したがって黒人労働者の加入権（right to participate）を否定することは、憲法修正第五条によって禁止されるとした。

しかし、労働組合を統治機関とみなしていこうとする考え方は、判例の主流となることができず、カンザス最高裁の右の判決は、現在のところ少数説にとどまっている。

すなわち、Ross v. Ebert (1957)[37] で、ウィスコンシン高等裁判所は、組合の行った黒人労働者に対する加入拒否の行為は、憲法修正第一四条に反するという原告の主張に対し、労働組合はその構成員の資格を決定する権利を有しており、裁判所は、いかなる理由にせよ加入を拒否された者の組合加入を強制することはできないと判断した。すなわち労働組合は、あくまでも任意団体であり、憲法修正第一四条は、「州の行為」に対する制限にほかならないとしたのである。

またOliphant v. Brotherhood of Locomotive Firemen and Enginemen (1958)[38] において、連邦高等裁判所（第六区）は、等しく、組合が統治機関であるという考え方を否定している。すなわち、裁判所は、鉄道労働法の下において、組合が排他的交渉団体となることだけでは、組合に連邦の機関たる性格を帯びさせるには不十分である。組合の黒人労働者に対する組合加入の拒否は、連邦の行為（federal action）というよりは、むしろ私的機関の行為というべきものであり、憲法修正第五条の制限に服するものではないと判断したのである。

したがって、黒人労働者が、憲法上の権利として労働組合に加入を要求できるかどうかは、この問題についての最高裁の判断が示されていない現在においては、まだ未確定の状態にある。しかし、前記スティール・ケースの傍論において、マーフィ判事が、組合の人種的差別待遇は「重大な憲法問題を惹起する」とし、「本訴訟記録によって示されたごとき、有色の市民の尊厳と福祉の極度の無視は、憲法的非難の発動を要請しているように思われる」と述べているのは注目すべきであろう。

組合加入について憲法上の保護がえられないとすれば、つぎに制定法上の保護がないかどうかを検討することが必要である。連邦法上、組合加入について規定したものは現在のところ見出すことはできないが、解釈によって、組合加入権を認めていこうとするいくつかの試みが学説によってなされている。

その一つは、排他的交渉団体のもつ機能から組合加入権を導き出してこようとする説である。すなわち、排他的交渉団体の選出については、連邦法上、多数決原理が採用されており、しかも選出された交渉代表は、交渉単位内のすべての者を代表しなければならないようになっている。したがって、交渉代表は交渉単位内の統治機関(government)を構成する。すべての者が、その統治機関のコントロールに参加しうるのでなければ、これらの者の「代表」とはいえないであろう。このような論拠から、交渉代表たる労働組合は、交渉単位内のすべての者に組合の門戸を開くべき義務が課されているとするのである[39]。

もう一つのアプローチは、公平代表の原理に依拠するものである。この説によると、交渉単位内の全員に組合加入を認める義務を、制定法上課された別個のものとして考察する必要はなく、それは、交渉代表が公平に代表すべき義務の中に必然的に含まれているという。すなわち、公平代表の原理とは、公平に「ルールをたてること」ではなく、公平に「代表する」ことであり、その中には、交渉単位内の労働者の組合加入も包含されている。労働組合に与えられた権限とその機能の立法的性格からすれば、全員に組合加入についての合理的な機会を提供するのでなければ、真の「公平」な代表はありえない。したがって公平代表の原理は、組合加入権にも拡大さるべきであると主張されている[40]。

公平代表の原理のこのような拡張は、確かに、労働組合が一定数以上の組織率を占めた場合における組合の社会的責任のあり方を示すものとして興味深い。しかし、現在アメリカで主張されている交渉単位制のメカニズムの操作による法的救済には、一定の限界があるように思われる。何故ならば、組合が交渉代表としての法的保護を拒否し、その資格を返上してしまった場合には、この理論は、力を発揮することができないからである。実際問題として、黒人労働者を差別待遇しうるほどに強力な力をもった組合は、事実上、使用者に団交を要求しうるし、使用者の不当労働行為も実力で排除できるから、交渉代表としての資格や法的保護はそれほど必要としないであろう。この点に配慮するならば、公平代表の原理は、更に一歩進めて、団結権の本質の解明から、組合が事実上、一定の組織率を占め、労働市場を統制しうるほどの社会的力量を備えている場合には、等しく適用さるべきであるとしてよいのではなかろうか。

(33)　カンザス最高裁は、Railway Carmenの組合は、ニグロを付属組合に追放しているかぎり、鉄道労働法の下における交渉代表として行動することができない（Betts v. Easley, 161 Kan. 459, 169 P.2d 831,（1946））とし、Court of Appeals of the District of Columbia も、National Railway Mediation Board が Railway and Steamship Clerks を交渉代表とした命令を、ニグロの組合加入を認めていないという理由で取消している。またＮＬＲＢも、組合が人種、信条、原国籍などの理由で、非組合員を平等に代表しない場合には、交渉代表の資格を取消すことがありうる旨明かにしている（Matter of Carter mfg. Co., 59 NLRB 804, 806 (1944) ; see also Matter of Atlanta Oak Flooring Co., 62 NLRB 973, 975 (1945) ; Matter of Larus of Brother Co., 26 NLRB 1075, 1084 (1945)）。

さらにカンザスおよびペンシルバニヤ州では、明文の規定（Kan. Stat. Supp. 1945 § 44-801; Pa. Stat. Ann. tit. 43 § 211. 3 (f)）により、人種その他の理由により差別待遇を行っている組合は、交渉代表となることができず、不当労働行為法上の保護がうけられない旨が定められている。

(34)　統治機関の行為とは、立法、行政、司法のいずれかを問わず、統治機関の一部門によって行われる行為を意味する。

(35)　Hale, "Force and the State; A Comparison of 'Political' and 'Economic' Compulsion," 35 Col. L. Rev. 149 (1935); see also, Friedmann, "Corporate Power; Government by private Groups, and the Law," 57 Col. L. Rev. 155 (1957); Miller, "Private Government and the Constitution, 1959, pp. 620, 655-56, Wirtz, Government by Private Groups," 13 Louisiana L. Rev. 440, 450-451 (1933).

(36)　161 Kan. 459, 169 P.2d 831 (1946).

(37)　275 Wis. 523, 82 N.W. 2d 315 (1957).

(38)　262 F. 2d 359 (CA 6, 1958).

(39)　See Givens, "Enfranchisement of Employees Arbitrarily Rejected for Union Membership," 11 Lab. L. J. 809 (1960).

(40)　See Wellington, "The Constitution, The Labor Union and 'Governmental Action'," 70 Yale L. J. 345 (1961).

四　むすび

アメリカにおいても、もちろん、組合加入の拒否が、団結権の擁護という正当な理由に基づく場合には、すなわち、特定労働者の組合加入の目的が、専ら組合の力を弱め、あるいは団結を乱すことにあると考えられる場合には、正当と評価されている。[41] しかし、アメリカでは、組合加入の拒否の適否が、このような形で問われることは、極めて稀であり、加入の拒否が主として社会的偏見や人種的差別に基因して発生していることとあいまって、専ら個人労働者の利益擁護という観点から取扱われている。むしろ人種問題の一つとして問題がとらえられているといっても過言ではないのである。ニューヨーク、ニュージャージー、マサチゥセッツの三州が、Anti-Discrimination Act[42] を制定し、人種、信条、原国籍を理由とする組合加入の拒否を一定の刑罰をもって抑圧しようとしているのは、このことを明白に示すものである。

黒人を主体とする最近の社会運動や、この種の差別待遇禁止の社会立法の制定によって、今後、黒人に対する労働組合の差別待遇は急速に減少していくであろう。しかし、各企業が、黒人労働者をチープ・レーバーの温床として、あるいは先任権制度の運用によって、彼等を景気の調節弁として利用しているかぎり、雇用における黒人の差別待遇は、実質的にはなくならないし、白人労働者を主体とする組合も、黒人労働者の利益を十分には代表しにくいであろう。丁度、わが国の臨時工が果しているのと同じような経済的機能をアメリカでは黒人労働者が果しているからである。それは、資本制経済の体制と密接に結びついた問題であるため、ヒューマニズムの立場からする社会運動や一片の立法によっては容易に解決しない本質的なものをもっているように思われる。これらの問題を今後どのように処理していくかは興味深い問題である。

(41) Miller v. Ruehl, 2 N.Y.S. 2d 394 (1938).

(42) N. Y. Laws 1945, c. 118, §131 (2) ; Mass Laws, 1945, c. 368; N. J. Laws 1945, c. 169.

第四章　アメリカ労働法における連邦法と州法

はしがき

アメリカの労働法を理解する上に不可欠の問題の一つに、連邦法と州法の管轄権（jurisdiction）の問題がある。理論的には、いわゆる州際通商（interstate commerce）に影響する事件はすべて連邦法の管轄下におかれ、それ以外の州内通商（intrastate commerce）にかかわる事件は州法の管轄下におかれるわけであるが、実際問題としては、その限界線を画すことはきわめて困難である。今日では、経済の発展は、古い行政区画を無視して行われているし、労働組合運動もほとんどの場合、州をこえた横の広がりをもって進められているからである。

それでも、このような土地管轄の問題だけならば、当該通商が同一州内で始まり、遂行され、完結しているかどうか、あるいは二州以上にまたがっているかどうかといった観点から、ある程度技術的に解決することも可能であろう。しかし、問題が、連邦優位性の原則に基づいて連邦問題（federal question）にかかわるものであるかどうかという事物管轄の形で争われる場合には、きわめて困難な問題を提起するのである。たとえば、つぎのような場合がそうである。

一般にアメリカでは、ワグナー法以来、団結権に関しては、連邦法の方が有利な法則を確立しており、二、三の例外を除いては、固有のポリス・パワーに基づいて制定された州法は、むしろ団結権を実質的に制約する機能を果たす場合が多い。そこで、今日でもしばしば、使用者は、組合の行うストライキ、ピケッティング、ボイコットなどに対し、それは州法に反するものであり、回復すべからざる損害を与えるということを理由に州の裁判所に対し、インジャンクションを求めている。これに対し、組合側では、連邦地方裁判所に対し、当該事件は連邦問題にかかわるものであるとして事件移送の申立を提起し、州裁判所のインジャンクションに対抗しているのである。

もちろん、こうした争いがつみ重ねられることによって、なにが連邦法にかかわる問題であるかは合衆国最高裁判所の判決により徐々に明らかにされてきている。しかし、今日でもなお多くの問題は未解決のままに残され、複雑な様相を呈している。こういった問題の複雑性は、基本的にはアメリカの連邦制度に由来するものであるが、アメリカ労働法の理解に必要な限度で問題の整理を行い、労働法上の観点からその妥当性を検討することも無意義ではあるまい。

一　連邦と州の権限

まず最初に、アメリカの連邦制度における連邦と州の権限の分配について、二、三の原則を記しておこう。アメリカ合衆国憲法第一条第八節は、連邦議会に対し、「各州間の通商を規律し」、「上記の権限を行使するために必要にして適切な一切の法律を制定する」権限を認めている。また同憲法は、第六条第二項において、「この憲法および憲法にしたがって制定される合衆国の法律並びに合衆国の権限のもとにすでに締結され、または将来締結されるすべての条約は、国の最高法規である。各州における裁判官は、その州の憲法もしくは法律にこれと相容れない規定がある場合にも、これら合衆国の憲法・法律および条約に従う義務を負う」と定め、連邦の優位性を確立している。

一方、憲法修正第一〇条は、「憲法によって合衆国に委任されず、また憲法によって州に対して禁止されていない諸権限は、それぞれ各州および国民に留保される」旨を明記している。

したがって連邦議会は、コマース・パワーにもとづく立法権を行使することにより、これと低触する州法を排除することができるし、場合によっては、逆にその全部もしくは一部を許容することもできるのである。連邦議会がこのような規制権限を行使し、連邦法の管轄下においた分野は、通常、占有(occupying)もしくは先占(preempting)された分野と呼ばれるが、連邦議会が、特定の対象に対して先占を行うか、あるいはどの程度の先占を行うかは、立法者の意図にかかわる問題である。

しかし、立法者の意図が法文上明確にされている場合はきわめてまれであり、その意図が仮に表記されていてもあいまいであったり、あるいはそれがどこにも見当たらないという場合が少なくない。連邦議会がこの問題について沈黙を守っているとか、あるいはかすかなささやきしかもらしていない場合には、当然、裁判所が立法者の意図、連邦法によって規制さるべき対象の性格、その範囲などを決定しなければならないわけである。それでは裁判所は、とくに労働法の分野において、この問題に対してどのように立ち向かっていったかを検討してみることにしよう。

二　ワグナー法と先占管轄理論

アメリカ法においては、先に述べた連邦法による先占管轄理論（the doctrine of pre-emption）はかなり早くから確立されていたにもかかわらず、労働関係の分野においては、一九三五年のワグナー法(2)の制定までほとんどといってよいぐらい問題にされなかった。(1)なぜならば、労働問題は、それが州際通商に影響をおよぼすものであると否とを問わず、本質的にローカルな性格のものであると考えられ、主として州法により規律さるべきであるとされていたからである。Adair v. United States (1908)(3) において、合衆国最高裁判所は、連邦政府は州際鉄道における労働者の組織的活動を憲法上保護することはできない、なんとなれば「被用者が労働組合の構成員となることと州際通商の行使との間にはなんらの法的もしくは理論的な関連性がないからである」と判断しているが、当時の労働問題に対する代表的な考え方を示すものといいうるであろう。

したがって当時のアメリカ労働法は、主として州法によって代表され、(4)団結権、団体行動権を保護助長するというよりは、むしろこれを制約する機能を営むものが多かったのである。

しかし連邦法のレベルにおいても、徐々に労働法の形成がなされるようになる。まず鉄道関係においては、一八九八年にエルドマン法 (Erdman Act) が制定され、一九一三年のニューランズ法 (Newlands Act) を経て、やがて一九二六年の鉄道労働法へと結実した。すなわち州際鉄道における労働関係を規律する統一的な連邦法がここに初めて成立することになったのである。全産業的な規模の連邦労働立法は、一九三二年のノリス・ラガーディア法 (Norris-La Guardia Act) に始まる。同法は、連邦裁判所に対し、インジャンクションの手続を労働争議に適用することを禁止し、団結権の保障を図ろうとするものであるが、連邦議会のコマース・パワーに基づくものではなく、連邦地方裁判所の管轄権に対する議会の統制権に基づくもの(5)であった。したがって一九三五年のワグナー法が連邦議会のコマース・パワーに基づいて制定された最初の全産業的な連邦労働立法であるということができる。(6)

ワグナー法は、いうまでもなく、アメリカ労働法に画期的な立法であり、労働組合に初めて積極的な権利としての団結権を法認するものであった。ワグナー法の制定とともに、労働問題を本質的にローカルなものとしてとらえていた従来の裁判所の態度は一変し[7]、労働関係に対して連邦の権限を拡張していこうとするいくつかの判決が相ついで出されるにいたった。

しかしながら当時においては、労働関係の分野において連邦法と州法とがオーバーラップするものはほとんどなく、先占管轄の問題はめったに生じなかった。数少ないこの領域での争いにはつぎのようなものがある。

先占管轄に関する第一のケースはAllen-Bradley Local v. W.E.R.B. (1942)[8]である。ウィスコンシン州では、雇用関係安定法（Wisconsin Employment Peace Act）がつとに制定され、団結権の行使に際して、被用者並びにその家族を脅迫すること、被用者の住居にピケッティングを行うこと、披用者並びにその家族の身体・財産を毀損すること、マス・ピケッティング等により工場への出入を妨害することが労働者側の不当労働行為として禁止されていた。ウィスコンシン雇用安定局は、同法に基づき、アレン・ブラッドレー会社で発生した組合側のマス・ピケッティングや非組合員に対する脅迫を差し止める命令を発した。組合側は、雇用関係安定局を相手どって連邦裁判所において、労働者の団体的行動がワグナー法により規制されている以上、同局はもはや労働者の団体的行動に差止命令を発する権限を有しないとして争った。この事件の上告審において、合衆国最高裁判所は、連邦法は、労働者または労働組合のこの種の不公正な行為を規制する意図を有していない、したがって州は、州法によりかかる行為を禁止もしくは規制する自由を有するとして組合側の主張を退けた。しかし同時に、最高裁は傍論において、州法が、労働者の団結権保障の状態に影響を与えるとか、団体交渉権の侵害を惹起するとかいうような場合には全く別個の問題が発生することを示唆した。そしてまさしく、このような別個の問題が、数年後のHill v. Florida (1945)[10]において生じたのである。

フロリダ州では、州法[11]により、組合役員の資格要件を、アメリカ合衆国の市民であって一〇年以上アメリカに居住している者であること、刑事犯罪に処せられたことのない者、品行方正なる者などと定め、州際通商に関する場合であっても、州の免許を受けて初めて組合役員（business agent）としての業務を行使しうるようにしていた。ところが原告ヒルは、免許証の交付をうけないで組合役員となっていたので、州の司法長官が州裁判所にインジャンクションを求め、右の州法がワグナー法に抵触するか否かが争われたのが本件である。

合衆国最高裁は、本件において初めて先占管轄理論を援用し、右のごとき州法の規定は、労働組合が、自らの手で組合役員もしくは団体交渉の代表者を選出する自由を制限し、州当局の判断を組合の判断に代えようとするものであり、ワグナー法七条の団結権の保障を侵害するものであって無効であると判断した。かくて、最高裁は、労働関係の分野においても、連邦法上保護された権利ないし自由は、州法により規制しえないことを明白にしたのである。

一方、この問題については、「競合管轄」理論（concurrent jurisdiction theory）が、ニューヨークおよびウィスコンシン州裁判所により提唱された[12]。連邦の権限が明確に主張されている場合には連邦法が優位に立つことはいうまでもないが、労働関係は長い間地方的な問題とされてきたため、連邦問題であるかどうかが不明確な場合が多い。したがって、少なくとも連邦の機関が特定の事件について管轄権を認めるか、あるいは主張するまでは、それは州法上の問題となりうるというのが競合管轄理論の要旨である。

しかし合衆国最高裁は、Bethlehem Steel Co. v. State Board (1947)[13]において競合管轄理論を退けた。この事件は、ワグナー法における排他的交渉団体にかかわるものである。一九四四年に、アメリカ職長団体(Foreman's Association of America）は、ベスレヘム鉄鋼会社ニューヨーク工場における交渉代表としての資格申請をニューヨーク州の労働関係委員会に対して行った。そこで州の委員会は全国労働関係委員会（以下ＮＬＲＢという）に対し右のごとき資格申請がなされた旨を通告し、ＮＬＲＢが管轄権を行使するかどうかを問い合わせた。しかしＮＬＲＢは、右の資格申請がＮＬＲＢになされたとしても審査を行うことなく却下するであろうと回答をよせた。[14] そこでニューヨーク州労働関係委員会は、独自の管轄権を行使することとし、右監督的被用者の集団を適正交渉単位と認め、州裁判所もこれを支持した。[15] これに対し会社側は、州労働委員会を相手どり、ワグナー法は交渉単位に関する分野を完全に先占している、したがって州際通商に影響を与える事件においては、州の行為はワグナー法に一致していると否とを問わず排除されるべきであるとして連邦裁判所に事件移送の訴を提起した。

ニューヨーク州労働委員会は、前記の競合管轄理論をもってこれに対抗したが、合衆国最高裁は、職長に対するＮＬＲＢの政策を支持した上で、「連邦の委員会（ＮＬＲＢ）は、職長たちが交渉単位を構成するか否かを決定する権限を有するが、このことが州の権限の行使の余地を生ぜしめるものとは考えられない」として、会社側の主張を認めた。したがって、この判決により、通常であればＮＬＲＢがその管轄権を行使する州際通商に影響をおよぼす事業の交渉代表の問題については、州は管轄権を行使できないことが明らかにされたのである。

（1）一八二〇年に合衆国最高裁判所は、早くも、連邦攻府により特定の活動分野が先占されている場合には、州の法的規制はありえない旨判示している（Houston v. Moore, 5 Wheat 1, 20–23）

（2）The National Labor Relations Act, 29 USCA 151, et seq.

（3）この事件は、労働組合の組合員であることを理由とする差別待遇を犯罪として禁止したエルドマン法一〇条の合憲性を争ったものであり結局、違憲の判決が言い渡された（208 U.S. 161）

（4）労働関係に関する地方的な諸規則は植民地時代から存在しているがそれは次第に賃金、労働時間、団結権の法認、労働争議の調停仲裁などに関する州法へと発展している。See, Smith and Delancey, "The State Legislatures and

Unionism," 38 Mich. L. Rev. 987

(5) Lauf v. E.G. Shinner Co., 303 U.S. 323.

(6) ワグナー法は、一九三七年にNLRB v. Jones and Laughlin Steel Corp.において最高裁よりコマース・パワーの正当な行為として合憲の判決をうけている。301 U.S. 1.

(7) Jones and Laughlin Steel Case（注6参照）において最高裁は、製造業における労働関係を規制する連邦政府の権限を容認している。

(8) Allen-Bradley Local No. 1111, United Electrical, Radio and Machine Workers of America, et al. v. Wisconsin Employment Relations Board et al. 513 U.S. 740 (1942).

(9) ウィスコンシン雇用関係安定法（Wisconsin Employment Peace Act, L. 1939, ch. 57; Wis. stat. (1939) ch. 111, pp. 1610〜18）の関係条文はつぎのとおりである。

第一一一・〇四条　被用者は、自主的に団結する権利、労働組合を結成し、これに加入し、またはこれを援助する権利、自ら選出した代表者を通じて団体交渉を行う権利、団体交渉またはその他の相互援助のために適法な団体行動を行う権利を有する。被用者は、またかかる行動の一部または全部に参加しない権利を有する。

第一一一・〇六条第二項　左の行為を被用者個人または団体の不当労働行為とする。

(a)第一一一・〇四条に保障せられた被用者の権利行使を強制もしくは強迫すること、被用者の家族を脅迫し、住居をピケットし、被用者並びにその家族の身体または財産を毀損すること。

(f)マス・ピケッテング、脅迫その他いかなる種類の暴力もしくは強制により、適法な業務もしくは雇用の遂行を妨害すること、雇用の場所への出入を妨害もしくは干渉すること、公の道路、街路、高速度道路、鉄道、空港その他通行もしくは輸送の通路の自由かつ継続的な使用を妨害もしくは干渉すること。

(10) Leo H. Hill and United Assocication of Journeymen Plumbers and Steamfitters of United States and Canada, Local No. 234 v. State of Florida, 325 U.S. 538 (1945).

(11) House Bill No. 142, Laws of Florida, 1943, chap. 21968, p.565.

(12)　See, W.E.R.B. v. Rueping Leather Co., 228 Wisc. 473; Davega City Radio v. N.Y.S.L.R.B., 281 N.Y. 13.

(13)　この事件は、Bethlehem Steel v. N.Y.S.L.R.B. およびAllegheny Ludlum Steel Corp. v. N.Y.S.L.R.B. 330 U.S. 767の併合審である。

(14)　一九四三年ににNLRBは従来の政策を変更し、職長クラスの労働者の集団を適正交渉単位とすることを拒否している（Maryland Drydock, 49 NLRB 733）

(15)　7 N.Y.S.L.R.B. 103; 295 N.Y. 601, 607. 職長は被用者（employee）ではなく、したがって適正交渉単位を構成するとみなすべきではないという会社側の主張は同時に退けられた。

三　タ・ハ法と先占管轄理論

一九四七年のタフト・ハートレー法の制定により、労働法の分野における連邦法と州法の管轄権の問題は、新しい局面を迎えることになった。

タ・ハ法は、法形式的にはワグナー法の修正にすぎないが、実質的には全く異質の労働立法である。ワグナー法が労働者の団結権、団体行動権の保障のみを規定しているのに対し、タ・ハ法は、新たに労働者側の不当労働行為制度を設けることによって、長い間、もっぱら州法によって規定されていた領域に初めて足をふみ入れたのである。

そればかりではなく、タ・ハ法は、たとえば第一章八条(b)[16]、一〇条(a)[17]、一四条(a)[18]および(b)[19]、第二章二〇三条(b)[20]、第三章三〇三条等において州の行為に言及している。[21]

しかし、スミス教授が指摘しているように、[22]これらの諸規定は、連邦と州の管轄権の分配について必ずしも明確な示唆を与えているとはいい難く、問題をむしろ複雑な形にしている。したがって当然、そこには管轄権に関する多くの争いの生ずる余地が残されている。タ・ハ法制定以来、連邦法と州法の管轄権をめぐる争いが従前にもまして数多く展開されたのは当然のことというべきである。これらの争いを通じ、管轄権に関してはどのようなルールが確立されていったのであろうか。問題を連邦法により先占された部分と州の規定権が許容された部分との二つに分け、逐次検討してみることにしよう。

(16)　第八条(b)によれば、協約当事者が協約の改廃をしようとするときは協約の有効期間満了日の六〇日前(期間の定めのない協約の場合には改廃しようとする日の六〇日前)までに文書で相手方に通告しなければならないようになっているが、その際、新協約についての協議が整わない場合には右の通告後三〇日以内に連邦調停局および州の調停局に対し、その旨を通知しなければならないように定められている。

(17)　第一〇条(a)は、不当労働行為を防止するNLRBの権限は、協約または法律によって設けられた他のいかなる調整手段によっても影響をうけることはないが、NLRBは州の機関に対して権限を委譲することができる旨を定めている。

(18)　第一四条(a)は、連邦または州のいずれの法律も、タ・ハ法が監督的被用者に団体交渉権を強行的に付与したと考えてはならない旨を規定している。

(19)　第一四条(b)は、ユニオン・セキュリティに関し、州法が連邦法より厳しい制約を課す自由をもつことを認めている。

(20)　第二〇三条(b)は、州の争議調整機関が存在する場合には、連邦調停局は小規模の労働争議を州機関の調整に委ねるべきことを定めている。

（21） 第三〇三条は、第二次ボイコット及びその他の連邦法上禁止されている労働組合の行為により営業ないし財産権を侵害されたものは連邦又は州裁判所に対し損害賠償請求訴訟を提起しうる旨規定している。
（22） Russele A. Smith, "The Taft-Hartley Act and State Jurisdiction over Labor Relations," 46 Mich. L. Rev. 597 (1948)

一　連邦法により先占された部分

1　監督的被用者

監督的被用者が連邦法上保障された団結権、団交権、団体行動権を有するか否かについては、ワグナー法時代のパッカード判決により肯定的に解されていた。すなわちNLRB. v. Packard Motor Car Company[23]において、最高裁は監督的被用者の組合を排他的交渉代表と認定したNＬＲＢの政策を支持したが、同時に、同判決は、監督的被用者に団結権を認めることが妥当であるか否かの検討は、裁判所においてではなく、立法府においてなさるべきであることを指摘している。

あたかも右の示唆に答えたかのごとく制定されたのがタ・ハ法一四条(a)である。同条は、連邦法たると州法たるとを問わず、管理監督者は、団体交渉に関しては被用者とみなされてはならない旨を規定し、前記パッカード事件におけるＮＬＲＢの政策を否認したのである。[24]したがって州際通商に従事する企業の監督的被用者の団交権については統一的な基準が全国的に確立されたことになり、州法によっては、もはやこの領域は規制することが許されないこととなった。

2　交渉代表問題

州際通商にかかわる事業所における排他的交渉代表の問題については、前記ベスレヘム判決により、ワグナー法下においても、州は管轄権を有しないことが明らかにされていたが、タ・ハ法制定後まもなく発生したLa Crosse Tel. Corp. v. W.E.R.B. (1949)[25]において合衆国最高裁は、右の原則を再確認した。この事件において最高裁は、ウィスコンシン州最高裁が、州の機関はNLRBが適正交渉単位または交渉代表の決定を行うまでは管轄権を行使しうると判断したのを退け、州の機関がNLRBと異なった、もしくはこれと抵触する方針のもとに交渉代表の資格証明を行えば、連邦法のもとにおける統一的な慣行が分断されるおそれがあるとして、交渉代表に関する分野は、NLRBが先占している故に州の行為は排除されていると判示した。

3　使用者の不当労働行為

一般に使用者の不当労働行為については、ほとんどの州法が、ワグナー法八条をモデルとしているため、ワグナー法八条をほぼそのままの形で引きついだタ・ハ法八条(a)と州の労働関係法は矛盾低触が存在しない。したがって、ベスレヘムおよびラ・クロス判決の理論は、使用者の不当労働行為には適用されないように思えたのである。しかし合衆国最高裁は、W.E.R.B. v. Plankinton (1950)[26]において、州は使用者の不当労働行為についても管轄権を行使しえないことを明らかにした。

すなわち最高裁は、連邦法上禁止された行為はもっぱら連邦法上創設されたメカニズム、つまりNLRBを通じて処理されるべきであり、タ・ハ法八条(a)(3)とウィスコンシン州法とは抵触しないとしても、州の機関によって不当労働行為が取り扱われるのであれば、常に、同一事実について異なった評価およびサンクションの生ずる可能性が生じ、ひいては全国的な統一政策を阻害することになると判断した。したがってプランキントン判決により、連邦法とパラレルな内容の不当労働行為制度を州法が有している場合であっても、州際通商にかかわる事件にあっては、州はもはや関与できないことが明らかにされたのである。

4 労働者の団体行動

労働者の団体行動については、連邦法と州法の管轄権の問題はもっと複雑である。タ・ハ法制定以前においては、一般に、州際通商であると州内通商であるとを問わず、労働者の団体行動に対しては州法が適用されていた。しかしながら、タ・ハ法制定後は、(1)同法七条および一三条の労働者の団体行動権の保障が、単に使用者との関係を規定するのみならず、州の行為による団結権侵害をも防止しようとする趣旨であると解釈されるにいたったこと、(2)タ・ハ法は、労働組合の不当労働行為制度を導入することにより、ストライキおよびピケッティングに関する現行州法のほかに、労働者の団体行動に対する連邦法上の規制を行うようになったこと等の理由から、この分野における連邦法と州法の管轄権の問題は複雑な様相を帯びるようになったのである。

労働者の団体行動に対する連邦法と州法の管轄権の問題を検討するためには、労働者の団体行動を、(1)連邦法上保護された行為、(2)連邦法上禁止されている行為、(3)保護も禁止もされていない行為の、三つのカテゴリーに分類することが適当である。

(1)　連邦法上保護された行為

第一のグループには、タ・ハ法七条および一三条によって保障されたストライキおよびピケッティングが属する。賃上げのための平和的ストライキなどは最も適切な例であるが、その他のタ・ハ法もしくは他の連邦法によって容認されている団体行動がこれに属することはいうまでもないであろう。この点に関し、注目すべき事実は、タ・ハ法の立法過程において、当初のハートレー法案の多くの部分が否決されたことである。ハートレー法案は、たとえば(イ)労働組合の違法な行為の類型を詳細に列挙し、組合にトラスト禁止法の適用を認めること、(ロ)組合の違法行為に対しては使用者の請求により、インジャンクションを認めること、(ハ)経済的要求のストライキの場合でも、関係被用者の投票による支持をえ、かつその旨を予告し、一定の冷却期間をおいてからでなければ開始しえないこと等組合の団体行動に対し、厳しい制約を課すものであった。[27] したがって、これが議会の審議過程において積極的に拒否されたということは、逆にハートレー法案が違法としたような組合の団体行動は、タ・ハ法においては許容されたと解釈される余地が出てくるわけである。連邦法と州法の管轄権の問題にあっては、この点はとくに重要である。連邦議会が違法ではないとして積極的に許容した行為には、州はもはや介入できないからである。

合衆国最高裁はInternational Union, UAW v. O'Brien (1950)[28] においてこのことを明らかにしている。ミシガン州では、労働調停法（Labor Mediation Law）により、(イ)関係当事者が争議行為をするには、その争議行為をしようとする日の少なくとも一〇日前（公益事業にあっては三〇日前）までに、州調停局にその旨を通知すべきこと、(ロ)調停局は右の冷却期間中に争議が解決するよう調停を行うこと、(ハ)調停による解決の見込みが立たないときは、調停局は、交渉単位内の従業員のストライキについての賛否の投票を組織すべきこと、(ニ)従業員の過半数の支持がなければ争議行為を開始しえないこと等を定めていた。[29] しかし、上告人である自動車産業労働組合（ＵＡＷ）は、右の手続を経ることなく賃上げのための平和的なストライキを行い起訴されたので、州法の合憲性を争ったわけである。最高裁は、(イ)タ・ハ法においてはストライキ権が明示的に認められており、僅かに八条(d)において現行協約の改廃について、協約終了後争議行為を行うとする場合にのみあらかじめ連邦および州の調停局に通知すべき旨を定めているにすぎない、したがって賃上げ等労働条件改善のための平和的手段による争議行為は、連邦法上保護されたものであり、この領域は州には「閉ざされ」ている、(ロ)仮に若干の州法がこの領域において認められるとしても、係争点となっているミシガン州法は無効である、なんとなればスト投票は、当初ハートレー法案に規定されていたが、最終的に採択されたタ・ハ法ではこれが否決されており、したがってタ・ハ法では、ミシガン州法の規定するような形での争議権に対する制約は認めていないからである、と判断した。[30]

また合衆国最高裁は同じくStreet Employees v. W. E. R. B. (1951) において、公益事業における争議行為の禁止と強制仲裁制度を定めるウィスコンシン州法を無効とした。[31] 同判決において最高裁は、タ・ハ法条が労働条件の維持改善のための争議権の行使を保障している以上、州は、その市民に公益事業のサービスの中断を防止するためであるとはいえ、連邦法上保護された争議権を奪うことは許されないと述べている。

以上の二つの判決は、前記Hill v. Florida (1945) の論理的な帰結である。かくて、タ・ハ法七条の保障する争議行為については、もはや州はいかなる場合においても介入しえないことが明らかにされたわけである。

(2)　連邦法上禁止された行為

労働者の集団的行為の第二のカテゴリーは、タ・ハ法八条(b)により禁止されたストライキ、ピケッティングおよびその他の団体行動である。そして、多くの場合、このような争議行為は州法においても禁ぜられているところから、かかる争議行為が行われた場合に、使用者は州の裁判所に対し、インジャンクションを求めるか、あるいは連邦の機関、すなわちＮＬＲＢのみが管轄権をもつのであるかどうかが争われた。この点に関し下級審では、いろいろな見解がとられたが、[33] 合衆国最高裁はGarner v. Teamsters, Chaufeurs & Helpers Local Union No. 766 (1953)[33] において最終的な結論を下した。この事件のあらましはつぎのとおりである。被告組合（Teamsters Union Local 776)は、州際通商に従事する原告トラック運送会社の従業員を組織化するため、会社の荷扱場に対し、ピケッティングをはり、従業員に組合加入を呼びかけた。ピケッティングは平穏にかつ秩序をもって行われたが、他の会社の運転手がピケラインをこえて会社の集荷場に出入することを拒否したため九五％の能率の低下をきたした。そこで会社はペンシルバニア州下級裁判所にインジャンクションを求め、裁判所は、右のピケッティングは、使用者をして従業員に組合加入を強制させることを目的とするものであると認定し、ペンシルバニア労働関係法に違反するとしてインジャンクションを認めた。組合側はこれに対し、右のごときピケッティングが違法であるか否かはタ・ハ法に基づき連邦の機関が認定すべきであり、州裁判所は管轄権を有しないとして、州最高裁に上告し、同最高裁は組合側の主張を容認した。そこで会社側は、さらに管轄権の問題を争って合衆国最高裁に上告したわけである。最高裁は、会社をしてその従業員に組合加入を強制させるためのピケッティングは、たとえペンシルバニア労働関係法に違反するとしても、それはまたタ・ハ法八条(b)(2)にいう不当労働行為をも構成する、タ・ハ法は右の不当労働行為に対する適切かつ十分な救済方法を規定しているゆえに、使用者が違法なピケッティングに対する救済を求めようとする場合には、ＮＬＲＢにその申立をなさなければならない、なんとなれば連邦法違反の行為に対する救済手続とその機関が連邦と州とに併存するときは、一つの実体法に対し、異なった、かつ両立し難い判断が下されやすいからであると判示した。

かくてガーナー判決により、州の労働立法または労働政策に違反する労働者の団体行動であっても、それがタ・ハ法上労働組合の不当労働行為とされている場合には、もはや州は管轄権を行使しえないこととなったのである。

またその後出されたガーモン判決[34]により、特定の労働者の団体行動が、タ・ハ法八条(b)にいう労働組合の不当労働行為に該当するか否かの認定は、第一次的にはＮＬＲＢが管轄権を有することが明らかにされた。

(3)　連邦法上保護も禁止もされていない行為

以上の二つのカテゴリーの間に、タ・ハ法によって積極的に保護もされていない代わりに禁止もされていないという領域が存在する。たとえばスローダウン[35]、クイッキー[36]（quickie）協約違反のストライキ[37]などはその適例である。この種の争議行為が行われたときに、使用者は州の裁判所に対しインジャンクションを求めうるか、あるいは先占管轄理論によって州裁判所は管轄権を有しないのかどうかがここでの課題である。

一九四九年のブリッグス・ストラットン事件[38]では、合衆国最高裁は、この領域における州の管轄権を容認しているように思われる。原告自動車産業労働組合（UAW Local 232）は、デッドロックにのり上げた団体交渉を有利に展開するため、一九四五年十一月六日から翌年三月二十二日に至る間、計二六回にわたり、就業時間中に予告なしの組合大会を開き業務の運営を阻害した。会社側の申立に基づきウィスコンシン雇用関係局は、組合側の右の行為を差し止める命令を発し、州裁判所もこれを容認したが、組合側が、州はこの種の団体行動に介入する権限を有しないとして争ったのが本件である。

合衆国最高裁は、五対四のきわどい判決で、「連邦の機関は、争いの対象となっている組合の行為を調査し、容認し、もしくは禁止する権限を有しないがゆえに、連邦と州との間には現実のもしくは起こりうべき低触ないし重複は存在しない。かかる行為は州の規制をうけうるし、あるいはまた完全に放任されることもできるのである」と述べ、組合の波状ストを差し止める権限をウィスコン州がもちうることを認めた[39]。したがって最高裁は、連邦議会が保護も禁止もしていない団体行動は州際通商にかかわる場合であっても連邦法によってはカバーされていない領域であり、州の規制の対象となりうると判断したわけである。

しかしながら最高裁のその後の判決は、ブリッグス・ストラットン事件の理論と両立し難いように思われる。

まず一九五三年の前記ガーナー事件であるが、この事件は確かにタ・ハ法上禁止された不当労働行為にかかわるものであるから、ブリッグス・ストラットン事件とは区別さるべきものである。しかしこの事件において最高裁が州法の適用を排除した唯一の根拠は、NLRBが不当労働行為ではないと判断するかもしれないピケッティングを州の裁判所が差し止めることにより、全国的な政策と異なった結論を州が出すかもしれないということであった。

したがってガーナー判決は、もしも事件が連邦法によりカバーされた一般的領域内にあるのであれば、州の権限は、連邦法により保護または禁止された行為の周辺の領域からも除外されていると広く解釈することも可能なのである。なんとなれば、労働組合の特定の団体行動が連邦法上保護されたカテゴリーに入るのか、禁止されたカテゴリーに入るのか、あるいはまたその中間に位するのかは、第一次的には連邦の機関が認定すべきものであり、州の裁判所がかかる微妙な決定を最初に行うのであれば、同一事実に対して異なった結論に到達しうる可能性があるため連邦法の統一性が損なわれるからである。さらに、組合側の行為が連邦法上禁止されていないとすれば、それはいかなる法的規制からも自由であると解することもできるのである。

また一九五五年のWeber v. Anheuser-Busch, Inc. (1955) において、合衆国最高裁は、先占管轄理論は、組合の団体行動が、タ・ハ法上不当労働行為を構成しないときでも適用される旨を明らかにしている。

この事件は、ミズーリー州にあるビール醸造会社における機械工組合 (International Association of Machinist) と大工組合 (United Brotherhood of Carpenters and Joiners) とのなわ張り争いに関するものである。機械工組合は、会社と、機械類の補修または取換えの業務を下請に出すときは、機械工組合と協約を締結している下請業者にのみ行わしめるという協約を締結していたが、大工組合からの強い抗議があったため、会社は、協約の期間満了後、新協約締結のための団体交渉においてこの条項の挿入を拒否した。機械工組合はこれを不満としてストライキを行ったので、会社はかかるストライキは、タ・ハ法八条(b)(4)(D)[41]に違反する行為であるとしてＮＬＲＢに不当労働行為の申立を行った。しかしＮＬＲＢは、右のストライキは、「特定の仕事の割当」に関するものではないからタ・ハ法八条(b)(4)(D)にいう不当労働行為には該当しないとして会社側の申立を却下した。そこで会社は、州裁判所に対し、組合側のストライキは、ミズーリー州のトラスト禁止法に違反するとしてインジャンクションを求め、州裁判所はこれを認めた。

しかし上告審において合衆国最高裁は、ＮＬＲＢが、組合側の行為はタ・ハ法八条(b)にいう不当労働行為には該当しないと認定しても、そのことから当然に、州は組合の行為を規制しうるという結論を導き出すことはできない、なんとなれば、かかる団体行動は、なお、タ・ハ法七条の保護の範囲内に入りうる余地があるからであるとし、結局、本件においてはＮＬＲＢと異なった結論を出す可能性があるということから州は管轄権を行使しえないと判断した。

以上のガーナー判決およびアノーザー・バッシュ判決の論理と前記ブリッグス・ストラットン判決とを結びつけることはきわめて困難である。しかし、連邦法と州法との管轄権の問題が労働法の統一化の現象の中で考察されるかぎり、すなわち、連邦法の中に含まれる統一的な全国的労働政策を維持していくためには連邦と州の権限の分配をいかにすればよいかという見地から管轄権の問題を考察していくかぎり、ブリッグス・ストラットン判決は、判例の主流から外れているとみてさしつかえないであろう[42]。

（23）　330 U.S. 485, 67 S.Ct. 789 (1947).

（24）　前記注14においてふれたとおり、Maryland Drydock事件においてNLRBはその政策を変更し、監督時被用者の団体を交渉単位と認めることを拒否している。

（25）　336 U.S. 18 (1949).

（26）　Wisconsin Employment Relations Board v. Plankinton, 255 Wis. 285, 38 N.W. 2d 688 (1949), 338 U.S. 953 (1950).

（27）　See H.R. 3020.

（28）　339 U.S. 454 (1950).

（29）　Mich. Stat. Ann. §17. 454(1) et seq. (Cum. Supp. 1949) とくに第九条参照。

（30）　Amalgamated Association of Street Employees v. Wisconsin Employment Relations Board, 340 US 383 (1951).

（31）　Wisconsin Public Utility Anti-Strike Act, Wis. Stat., 1947, §§111. 50 et seq.

（32）　たとえばCapital Service, Inc. v. NLRB, 204 F2d 848 (9th Cir 1953); Pocahontas Terminal Corp. v. Portland Bldg. & Construction Trade Council, 93 F.Supp. 217 (D. Me 1950); Nash-Kelvinator Corp. v. Grand Rapids Bldg. & Construction Trades Council, 22 CCH Lab. Cas. 67, 071 (W.D. Mich. 1952); Norris Grain Co. v. Nordaas, 232 Minn. 91, 46 N.W.2d 94(1950); Tidewater Shaver Barge Lines v. Dobson, 195 Ore. 533, 245 P.2d 903 (1952); Texas State Federation of Labor v. Brown & Root, Inc, 246 S.W.2d 938 (Tex. Civ. App. 1952).

（33）　346 U.S. 485, affirming 373 Pa. 19, 94 A.2d. 893 (1953)

（34）　San Diego Building Trades Council et al. v. Garmon, 359 U.S. 236 (1957).

（35）　Elk Lumber Co., 91 NLRB 333(1950); Phelps Dodge Copper Products Corp., 101 NLRB 360.

（36）　いわゆる波状ストの1種。International Union v. WERB., 336 U.S. 245(1949).

(37) NLRB v. Sands Mfg. Co., 306 U.S. 245 (1949); Hazel-Atlas Glass Co. v. NLRB, 127 F.2d 109, 117-19 (4th Cir. 1942); NLRB v. Dorsey Trailers, Inc., 179 F.2d 589 (5th Cir. 1950)

(38) International Union UAW v. WERB, 336 U.S. 245 (1949). この事件は、同じ組合のInternational Union UAW v. WERB, 351 US 266 (1956) の混同を避けるため、紛争の発生した会社の工場名をとってBriggs-Stratton Caseと呼ばれる。なお、同じ理由から後者の事件は通常Kohler Caseと呼ばれる。

(39) これに対し、少数意見は、組合側のかかる行為は、連邦法上保障せられた正当な団体行動の枠の中に含まれるものであり、したがって州のコントロールはこれにおよびえないとしている。

(40) 348. U.S. 468 (1995)

(41) タ・ハ法八条(b)(4)(D)は、特定の仕事を特定の労働組合に属する被用者に割り当てることを強制または要求するためにストライキを行うことを労働組合の不当労働行為としている。

(42) コックス教授は、この点についての「一つの可能な説明は、ブリッグス・ストラットンのルールは、手段が公益に反すると判断されるがゆえに州法が被用者の行為を非難するときに適用されるが、その主張されている違法性が目的から生ずる場合には先占管轄理論が適用されると解することである」と述べている。Cox, Federalism in the Law of Labor Reations, 67 Harv. L. Rev. 1313 (1954).

二　州の規制が認められている部分

1　団体行動が暴力的様相を帯びる場合

ワグナー法時代には、すでに述べたように、アレン・ブラッドレー事件[43]において、州は、「公の安全および秩序、街路および公道の使用のごとき伝統的にローカルなものとされている事項については、歴史的な権限を行使しうる」ことが明らかにされた。この理論に基づき合衆国最高裁は、マス・ピケッティングに対する州裁判所のインジャンクションを容認したのである。しかしながらタ・ハ法の制定後は、たとえばマス・ピケッティングや工場または就業の場所への出入を防ぐための街路における妨害[45]、被用者に対する脅迫[46]・暴行[47]、工場施設の破壊[48]などがいずれもタ・ハ法八条(b)の不当労働行為を構成するとされるようになったため、州の権限の限界線が不明確になってきた。

しかしかかる連邦法上の規制にもかかわらず、合衆国最高裁は、前記ブリッグス・ストラットン事件においてこの種の領域における州の権限は依然として存続する旨を明示している。すでにみてきたようにブリッグス・ストラットン事件は、暴力的性格をもった組合の団体行動に関するものではない。しかし最高裁は、判決文の中で「連邦の機関（ＮＬＲＢ）は、その目的が連邦法上違法とされているストライキを禁止する権限を与えられているが、その手段が違法であるストライキに対しては、たとえそれが人に対する暴行脅迫、財産の毀損を伴う場合でも禁止する権限を与えられていない。かかる行為を統治することは完全に州に委ねられている」[49]と述べている。

この理論を発展させ、まず暴力行為によって相手方に損害を与えた場合には、それがタ・ハ法上の労働組合の不当労働行為に該当する場合であっても、相手方は州裁判所に対し損害賠償請求訴訟を提起しうる旨を明らかにしたのがUnited Construction Workers v. Laburum Construction Corp. (1954)[50]である。

バージニヤ州にある原告会社は、地元のリッチモンド建設労働組合（ＡＦＬ）と組合員を優先的に雇用するというプレファレンシャル・ショップ協定を結んでいたので、ウエスト・バージニヤおよびケンタッキー州で請負工事をする際にも組合員を雇用した。しかしその土地の被告労働組合（United Construction Workers, Region 50）は、自己の管轄領域内で工事を行う以上被告組合の組合員を雇用すべきことを要求し、会仕はＡＦＬ系の組合との前記協定を理由にこれを拒否した。そこで被告組合は組合員を四〇人から一五〇人あまり動員し、組合の承認を求めて工事現場にピケッティングをはった。ところが、これらのピケ隊は、「きわめて粗野で猛り狂った群衆であり、ある者は悪口のかぎりをつくし、ある者は酩酊し、ある者はピストルやナイフを所持し」ていて、被用者に対し、「ここで働くなら〔被告〕組合に加入せよ、さもなければお前らを蹴散らす」と迫ったため、被用者は恐れをなして工事を中止し、会社はそのために多大の損害を被った。会社は直ちにバージニヤ州裁判所に対し損害賠償請求訴訟を提起し、州裁判所はこれを容認した。しかし組合は、右の組合の行為はタ・ハ法八条(b)(1)(A)に違反するがゆえにNLRBのみが管轄権を有すべきであるとして上告した。[51]

しかしながら合衆国最高裁は、連邦法には、州裁判所が伝統的に管轄権をもっている不法行為に対する損害賠償請求手続に代わるべきものが存在しないし、またタ・ハ法の立法過程においても暴力行為にかかわる事件から州の権限が排除されたことは明らかにされていないとして、組合の行為が仮にタ・ハ法八条(b)(1)(A)に該当する場合であっても、州裁判所に対する損害賠償請求訴訟は認められるべきであるとした。

これと同じ理由により、最高裁は、International Union, UAW v. Russell (1958)[52]において、暴行・強迫を伴うマス・ピケッティングにより就労できなかった非組合員の州裁判所に対する慰謝料を含む損害賠償請求訴訟を容認している。また最高裁は、ワグナー法下のアレン・ブラッドレー判決をひきつぎ、タ・ハ法下においても州は、暴力的性格を帯びる組合の団体行動を差し止める権限を有することを明らかにしている。

すなわち最高裁は、一九五六年のコーラー判決[53]において、ピケラインをこえて就労しようとする者の身体の安全を保証しがたい旨の脅迫を伴うマス・ピケッティングを差し止めたウィスコンシン雇用関係安定局の命令を支持し、つぎのように述べている。

「州は、暴力行為に対する公衆の自然の保護者である。強制および破壊による脅怖並びに損害を最も被るのはそのローカル・コミュニティである」ゆえ、「暴力や財産上の損害を防止することが州の主要な関心事であることは疑いない」。したがって州は常に、公安を維持し、犯罪を防止する権限を直接的に保有しており、違反者が労働組合であり、違反行為が連邦法上の不当労働行為であってもこのことには変わりはない。

かくて組合の団体行動が暴力的様相を帯びる場合には、常に州裁判所が伝統的な管轄権を有することが明らかにされたのである。

（43）　注8参照。
（44）　Matter of Cory Corporation, 84 NLRB 972.
（45）　Matter of Sunset Line and Twine Company, 79 NLRB 1487; Matter of Smith Cabinet Mfg. Co., 81 NLRB 886; Matter of Colonial Hardwood Flooring Co., 84 NLRB 563; Matter of Irwin Lyons Lumber Co., 89 NLRB 54.
（46）　Matter of Perry Norvell Co., 80 NLRB 225; Matter of North Electric Mfg. Co., 84 NLRB 136; Matter of Sunset Line and Twine Co., 79 NLRB 1487; Matter of Colonial Hardwood Flooring Co., 84 NLRB 563.
（47）　Matter of Conway's Express, 87 NLRB 972
（48）　Matter of North Electric Mfg. Co., 84 NLRB 136.
（49）　336 U.S. 245, at 253.
（50）　347 U.S. 656 (1954).
（51）　タ・ハ法八条(b)(1)(A)では、被用者の団結権の行使または団結しない自由の享有を抑圧し強制することを労働組合の不当労働行為としている。
（52）　356 U.S. 634 (1958).

(53) International Union, UAW v. WERB (Kohler Case) 351 U.S. 266 (1956). 注38参照。

2 連邦法による特別の許容に基づく場合

以上のごとく判例法上州に認められた領域のほかに、タ・ハ法は明示の規定により、つぎの三つの場合には、州際通商にかかわる事件であっても、州が管轄権をもつことを定めている。

第一はNLRBが特定のタイプ事件を州の機関に委譲しうる旨を定めた一〇条(a)であり、第二は、組合保障協定について、州が連邦法より厳格な規制を課しうる旨を定めた一四条(b)であり、第三は、州の調停機関が存在する場合には、連邦の調停機関は、規模の小さい労働争議の調整を州に委譲しうる旨を定めた二〇三条(b)である。

(1) 一〇条(a)—無人地帯—ランドラム・グリッフィン法

タ・ハ法一〇条(a)は、「NLRBは、州または准州の機関と協定して、当該機関に、すべての産業（鉱業、製造業、運輸、通信を除く、ただしこれらの産業であっても性質上地方的色彩の非常に濃いものはこのかぎりではない）におけるすべての事件につき、当該事件が州際通商に影響をおよぼす労働争議に関する場合であっても、管轄権を委譲することができる。ただし当該事件の決定に適用されるべき州または准州の法規が、本法の対応規定と矛盾するか、または異なった解釈がなされている場合にはこのかぎりではない」旨を定めている。

この規定は、ワグナー法下の前記ベスレヘム判決[54]に対抗して、州際通商か否かのボーダーラインにある事業については、NLRBが州の機関に権限を委譲しうる道を立法上開いたものである。

一〇条(a)は、法文上は、NLRBに不当労働行為を防止する権限を与えた部分に位置しているが、排他的交渉団体に関する前記ラ・クロス電話会社事件[55]において、合衆国最高裁は、タ・ハ法はNLRBに「特定の条件の下にその管轄権を州の機関に委譲しうることを認めているが、〔本件〕交渉代表決定手続においてＮＬＲＢがウィスコンシン〔雇用関係局〕に管轄権の委譲を行ったようには思われない」と述べ、一〇条(a)は不当労働行為事件ばかりではなく、交渉代表事件にも適用されるという立場をとっている。

一〇条(a)に関し重大な問題を提起したのは Guss v. Utah Labor Relations Board (1957)(56)である。この事件の原告は写真材の部品製造業者であり、その事業は州際通商にわたるものである。したがって組合(United Steelworkers)は、当時発生した使用者の不当労働行為に対しＮＬＲＢに申立を提起した。しかしＮＬＲＢは、州際にまたがるものとはいえ当該事業の性格は明白にローカルなものであるから、局の取扱い基準に合致しないとしてこれを却下した。そこで組合は、ユタ州労働関係局に州法違反の不当労働行為がなされたとの申立を行った。同局は組合側の申立を認め、差止命令を発し、同州最高裁もこれを容認したが、使用者は州労働関係局は管轄権を有しないとして上告した。

しかし合衆国最高裁は、この領域においてはＮＬＲＢに管轄権が与えられており、タ・ハ法一〇条(a)の規定により、ＮＬＲＢが州に対し正式に権限の委譲を行わないかぎり、州はその権限を行使することができないと判断し、ユタ州労働関係局の命令を取り消した。

この判決は当然のことながら大きな反響をまき起こした。ＮＬＲＢによる権限の委譲がなされていない場合には、ＮＬＲＢが州際通商にかかわるすべての事件を取り扱うよう最高裁が強制しないかぎり、行き詰まりが生ずるからである。実際問題として、タ・ハ法一〇条(a)は、連邦法と州法との厳格な一致を要件としているため、ＮＬＲＢの州の機関への権限委譲の協定は各州において行われていなかったし、またＮＬＲＢは、予算並びに処理能力を理由に自ら一定の基準を定め、州際通商に重大な影響を与える事業以外の小さな事件は取り扱わない方針をきめていたため、ＮＬＲＢはこれを取り上げず、また州労働関係局はこれを法的に取り上げえないという、いわゆる「無人地帯」が創り出されたのである。最高裁もかかる結果の重大性は十分に認識しており、ガス・ケースやその他の事件の判決文の中で、この問題の解決策は連邦議会の手中にあることを示唆している。(57) この示唆に答えて、無人地帯を減少させ、ＮＬＲＢの管轄権の基準の安定を図るために制定されたのが一九五九年のランドラム・グリッフィン法である。

同法は、七〇一条においてタ・ハ法一四条を改正し、新たにつぎのような一項を追加した。

「(C)(1)　局（ＮＬＲＢ）は、いかなる階層、種類の使用者が含まれている労働争議に対しても、それが、〔州際〕通商におよぼす影響が、局の管轄権の行使を是認するほどには重大ではないと判断される場合には、その裁量に基づき、裁定または行政手続法に従って採択された公の規則により、管轄権の行使を拒否することができる。ただし局は、一九五九年八月一日現在施行されている基準において管轄権を主張している労働争議に対しては、管轄権の行使を拒否してはならない。

(2)　本法のいかなる規定も、各州または准州（プエルトリコ共和国、グワム、ヴァージン諸島を含む）の機関または裁判所が、局が前項の規定に従って管轄権の主張を拒否した労働争議について、管轄権を引きうけかつ主張することを禁じまたは妨げるものとみなしてはならない」。

したがって、右の規定により、州は、ＮＬＲＢが裁定または公表された基準により管轄権を主張しないすべての事件を処理しうることとなった。

(54)　注13参照。
(55)　注25参照。

(56)　353 U.S. 1 (1957).

(57)　Amalgamated Meat Cutters v. Fairlawn Meats, Inc., 353 US 20 (1957); San Diego Bldg. Trade Council v. Garmon, 353 U.S. 26 (1957).

(2)　一四条(b)——組合保障協定

タ・ハ法は、八条(a)(3)においてクローズド・ショップを禁止し（ただし一九五九年法により、建設産業においては例外的に許容されることになった）、ユニオン・ショップについては一定の制約のもとに、これを合法とした。[58] しかし同法は一四条(b)において、「本法のいかなる規定も、雇用の条件として労働団体の構成員となることを要求する協定の執行または適用が州または准州の法によって禁止されている場合には、その州または准州においてかかる協定の執行または適用を効力あらしめるように解釈されてはならない」と規定し、組合保障制の領域における州法の連邦法に対する優位性を認めた。

農業労働者にだけ適用されるルイジアナの立法をも含めると、現在では二一の州が組合保障制を違法とするいわゆる勤労権立法を有している。したがってこれらの州においては、たとえ州際通商にかかわる労働争議であっても、またストライキないしピケッティングがいかに平和的に行われたとしても、当該争議の目的がユニオン・ショップ制獲得のためのものであれば、州の勤労権法に違反する違法な争議行為ということになり、州裁判所はこれに対してインジャンクションを発することができるわけである。合衆国最高裁は、Association of Journeymen Plumber and Steamfitters, Local 10 v. Graham (1953)[59] において、非組合員の解雇を要求するピケッティングに対するバージニヤ州裁判所のインジャンクションを適法としている。しかしながらクローズド・ショップについては、タ・ハ法八条(a)(3)がこれを禁止しているために、先占管轄理論により、州裁判所は、州勤労権法違反を理由としてインジャンクションを発しないとされているし、[60] またユニオン・ショップを要求する小数組合のピケッティングもタ・ハ法上不当労働行為とされているため、NLRBのみが管轄権を有することになる。

(58)　ユニオン・ショップについては、(イ)当該組合が適正交渉単位内の排他的交渉代表でなければならないこと、(ロ)ユニオン・ショップの締結につき従業員の過半数の支持をうること（ただし一九五一年の改正によりこの投票制度は廃止された）、(ハ)従業員の三〇%以上のものの発議があれば、ユニオン・ショップ協定を破棄するか否かの投票を行うこと、(ニ)ユニオン・ショップ協定のもとでも組合費ないし組合加入費の滞納以外の理由による場合には、除名または組合加入拒否を理由として解雇してはならないこと等の制限を設けている。

(59)　345 U.S. 192 (1953).

(60)　See, e.g., Building Construction Trade Council v. American Builders, 337 P.2d 953 (Colo. 1959).

(3)　二〇三条(b)――労働争議の調整

労働争議の調整の分野における連邦と州の関係についてはあまり問題は発生していない。連邦あるいは州の調停局は、通常、当事者の申立に基づいてその活動を開始するわけであり、当該紛争について裁定を下す権限を有しないからである。したがってここでは管轄権は、法律的な問題であるよりは、実務上の便宜に基づく権限の調整にすぎない。

タ・ハ法二〇三条の規定によれば、州際通商にかかわる事件については、連邦調停局が管轄権を有するが、州の調停局が存在する場合には、州際通商に僅少の影響を与えるにすぎない争議については、調停を回避することができるようになっている。そして州および地方公共団体の調停機関と協力するための適当な手続は、連邦調停局長が定めることとされている。

第五章　アメリカ法上の不当労働行為

一　不当労働行為制度の生成

一　団結権の否認

労働者の団結と団体行動を犯罪として取り扱うイギリスの普通法上の伝統は、一八〇六年のフィラデルフィア製靴工事件(1)以来、アメリカにも引きつがれた。イギリスにおいては、労働者の賃金を規制する法律があり、その結果、そのような法に違反して賃上げをはかる労働者の団結は違法だとされたのであったが、賃金を規制する法律が存在しないアメリカにおいても、賃上げのための労働者の団結は、「需要・供給による賃金および価格の自然的な規制を妨害」し、製造業の発展を阻害するがゆえに犯罪として処断しなければならない刑事共謀罪を構成するとされた。労働者の団結に対するこのような態度は、そのまま各州に踏襲され、コネティカット、メリーランド、マサチュウセッツ、ペンシルバニヤ等の諸州において一九世紀初頭の二、三〇年間に発生した一九の事件に刑事共謀罪の法理が適用された。

アメリカの裁判所が、労働者の団結それ自体を刑事共謀罪の法理から解放したのは、一八四二年のハント事件(2)においてである。この事件においてマサチュウセッツ最高裁は、本件の労働者の団結の目的ないし動機は労働条件の改善にあるがゆえに不当ないし違法ではなく、またそれを達成するための手段も必ずしも違法ではないとして、これまで労働者の団結を抑圧していた刑事共謀罪という武器の使用を抑えた。ハント事件判決は、労働条件の改善のための労働者の団結は合法であることを初めて明らかにし、団結権容認の第一歩を印した。しかしこの判決において採用された「目的および手段」の理論は、同時に司法機関が労働者の団結に介入する機会を与えるものであった。労働争議に際し、多くの裁判所は、その目的が違法であり、あるいはその手段が違法であるとして、依然として刑事共謀罪の法理を適用し、(3) 労働運動を抑圧したのである。

ところで一九世紀の一〇年代に始まるアメリカの産業革命は、南部の「綿王国」と奴隷制度にその進行を阻害されていたが、南北戦争（一八六一―六五年）によってその障害が除去され、産業の全国的な勃興が可能となった。一九世紀の後半にかけて、アメリカの資本主義は飛躍的な発展を遂げ、それとともに厖大な工場労働者群が生み出された。続々と大陸より流入した移民労働者や黒人労働者がその需要を充たしたことはいうまでもない。

このような資本主義の進展は、同時に本格的な労働運動の興隆をもたらすものであった。とくに一八八〇年以降は、ストライキやサボタージュが各所に頻発し、不熟練労働者を広汎に含む労働騎士団が活発な活動を開始した。同時に使用者達も、大資本を中心に、産業別、地域別の使用者団体を結成し、労働運動に対する攻撃を展開した。使用者側のロック・アウト、ブラック・リスト、スト破りの採用等による攻勢によって労働騎士団が衰退してからは、これに代って八五年以来、熟練工中心の職能別組合組織と経済闘争主義をモットーとするアメリカ労働総同盟（AFL）が、着々とその勢力を伸ばして行った。しかし二〇世紀に入るとAFLを脱退した西部鉄工同盟やアメリカ労働連盟、社会主義労働党がIWW（Industrial Workers of the World）を結成し、アナルコ・サンジカリズムの流れをくんで激しいストライキをくりひろげた。

このような本格的な組合運動の発展に呼応するかのごとく、労働者の団結に対する弾圧もまた一段と強化された。

(1)　一九世紀の後半においては、さすがに刑事共謀罪の法理は姿をひそめたが、これに代って登場したのが民事共謀の法理であった。この法理の適用によって、組合に民事責任を追及することは、訴訟技術の困難さからこれまで行われなかったのであるが、組合の規模の拡大とともに、一八七七年以来好んで用いられるようになった。民事共謀とは、「二人以上の者の集団的行為による違法な目的達成のための結合、または違法な手段による適法な目的達成のための結合」(4) と定義づけられているように、労働者の集団的行動の目的ないし手段が違法である場合には、不法行為上の責任を負う(5) とするものである。したがって以前にも増して、例えば「ストライキは財産、個人の権利の破壊」であり、労働者の団結は「社会を破壊し、実定法および自然法上の権利を抹殺する」(6) ことを目的とするというような裁判官の恐るべき偏見が働く余地が広く残されたのである。

(2)　民事共謀の法理は、しばしば「自由取引抑制論」(the restraint of trade doctrine) と結びついて主張された。この理論も、元来、普通法上の原則として確立されたものであるが、その骨子は、市場への門戸は何人にも平等に開かれているべきであり、二人以上の者の結合により公衆の市場への自由な接近を阻害することは取引の抑制として違法であるというのである。もちろん取引の抑制それ自体が、必ずしも常に違法と評価されるのではなく、その正当性の評価は、取引抑制の行為が、強制、詐欺、暴力などの違法な手段によってなされたか、その行為が公衆に重大な影響を与えたか否かにかかわるものであった。ただ、共謀の法理が、主として使用者ないし非組合員の権利の不法な侵害という点に向けられていたのに対し、取引抑制論は、第三者、すなわち公衆の権利をも保護法益とするだけに労働者の集団的行為が違法とされる度合いが広かったということができるであろう。自由取引抑制の理論は、後にシャーマン反トラスト法（一八九〇年）の労働組合への適用(7) という形をとり、労働者の団結を抑制する機能を果したのである。

(3)　労働組合運動に対して、この時期に最も猛威をふるったのは労働差止命令（レーバー・インジャンクション）である。インジャンクションは、本来衡平裁判所において発達した救済手続であり、損害賠償の形式では救済不十分な継続的権利侵害に対して発せられた。この命令に違反して禁止された行為をしたときは、裁判所侮辱罪(contempt of court)に問われ、処罰されることになっていた。労働事件においては、いわゆる一方的差止命令(ex parte injunction)が極めて安易に発せられた。したがって使用者が裁判所に行って、自己の事業もしくは財産に回復すべからざる損害を蒙るかも知れないということを一方的に申し立てるだけで、組合役員および組合員はもはや手も足も出せないような多くの禁止行為[8]を記載した差止命令が発せられた。

インジャンクションは、一八七七年の鉄道スト[9]に初めて採用されて以来、一世を風靡し、一八八〇年代には二八件、九〇年代には一二二件、一九〇〇年から一九〇九年の間には三二八件、一九一〇―一九年には四四六件、一九二〇―三〇年には九二一件が発布された[10]。

インジャンクションは、取引の自由を抑制する労働組合の違法な共謀から、使用者の財産権ないし公衆の利益を保護するために、あるいは黄犬契約[11]の違反を誘導する組合の違法行為を排除するために発せられ、労働者の団結ないし団体行動に致命的な打撃を与えたのである。

（1）Commonwealth v. Pullis, Commons and Gilmore, Documentary History of American Industrial Society, Vol. III (1910) pp. 59-236.
（2）Commonwealth v. Hunt, 4 Meter 111 (Mass. 1842).
（3）Landis and Manoff, Cases on Labor Law, 38, 39 (1942).
（4）National Fireproofing Co. v. Mason Builders' Ass'n, 169 Fed. 259, 264 (CA 2, 1909).

(5) Restatement of Torts, sec. 775.

(6) Farmers Loan and Trust Co. v. Northern Pac. R. Co., 60 Fed. 803 (CCED Wis. 1894) におけるJenkins判事の意見。

(7) Loewe v. Lawlor, 208 U.S. 274, 28 S. Ct. 301 (1908). この事件は通常Danbury Hatters caseとして知られている。

(8) 例えば、一九二二年の全国的鉄道ストの際に発せられたインジャンクションにおいては、組合員達がつぎの行為をすることを禁止している。

「脅迫、暴力、行き過ぎた言葉、口汚いあだ名、物理的暴力またはその脅威、威嚇、多人数または力の誇示、嘲弄、懇願、議論、説得、報酬、その他の方法によって、労働者が、当該鉄道会社における雇用を放棄し、もしくは雇用〔関係〕に入ることを控えるようにさせること、または以上のことを企てること。

手紙、印刷物その他のビラ、電報、電話、口頭による説得ないし暗示により、または新聞に公表されるインタビューその他の方法により、当該組合の組合員であると否とを問わず、当該会社の雇用を放棄させ、または当該会社の業務に就くことをさし控えさせるよう、そそのかし、指示し、命令すること、もしくは以上のことを企てること。」United States v. Railway Employees' Dept., 238 Fed. 479 (1922).

(9) King v. Ohio and Miss. R.R., 14 Fed. Cas. 539 (1877).

(10) Edwin E. Witte, The Government in Labor Disputes, 1932, p. 84. なおインジャンクションについては、F. Frankfurter and N. Greene, The Labor Injunction, 1930参照。

(11) 黄犬契約 (yellow dog contract) は装甲証文 (iron-clad document) とも呼ばれ、一八七〇年代のWestern Union Telegraph Co.の争議後初めて採用されたといわれているが、Coppage v. Kansas, 236 U.S. 1 (1915) およびAdair v. U.S., 208 U.S. 161 (1908) においてその合法性が確認された。E.E. Witte, Yellow-dog Contract, 6 Wis. L. Rev. 26 (1930); J.I. Seidman, The Yellow Dog Contract (1930), 佐藤進「黄犬契約論」金沢大学法文学部論集二巻七七頁以下参照。

二　団結権の容認

一九世紀の末、アメリカにおいては、次第に独占体が形成され、自由競争から独占支配へと経済の重点が移行した。それとともに市場における安定的機能が重視され、労働力の独占体である労働組合を承認し、労働協約の締結によって賃金基準を設定し、産業平和を保つことが、独占資本の立場から合理性をもつと考えられるようになった。かくて次第に、国家的規模における団結権容認の動きが現われ始める。

(1)　団結権容認の構想は、一九世紀末以来あいついで設置された各種調査委員会の報告書の中に現われてきた。(1)

まず一八八八年に制定された鉄道仲裁法（Railroad Arbitration Act）の強制調査の規定に基づいて設置されたストライキ調査委員会（U.S. Strike Commission）は、一八九四年のプルマン会社の大罷業について、それが組合の指導者デブスを解雇したことに端を発したことを認め、労使関係の健全な発展にとって、このような差別的解雇が不当であることを強調した。

ついで一八九八年連邦議会によって設置された産業委員会（U.S. Industrial Commission）も、一九〇二年の最終報告において、団体交渉の手続と慣行を確立することが労使間の紛争を減少させるものであるとしてその実現を要望している。

また一九〇二年無煙炭坑の大争議に際して設置された無煙炭坑ストライキ調査委員会（Anthracite Coal Strike Commission）も、団体交渉の必要性を強調した後、「いかなる者も、労働団体の構成員であること、またはその構成員でないことを理由として、雇入れを拒否され、あるいはなんらかの方法で差別的取扱をうけること」があってはならないと報告している。

さらに注目されるのは、一九一二年に設置された上院の産業関係委員会(U.S. Commission on Industrial Relations)の一九一六年の最終報告である。同委員会が行った「産業界における不満の底流的原因を発見する」公聴会は、労働者の状態に対する同情を呼び起こした。「ルドロウの虐殺」(2)のような事件についての生々しい証言は、産業界に労働争議を惹起する原因の一つが、使用者の、労働組合否認にあることを明らかにした。同委員会は、使用者の用いるスパイ戦術、ブラック・リストおよび解雇その他の差別待遇の手段が、労働者間に多くの不安と不満を醸成し、暴力的破壊的行動を誘発することを明らかにし、使用者の育成する会社組合が、団体交渉の諸原則を破る欺瞞的な組合であることを指摘した。さらに委員会の少数意見として、つぎのような措置がとられることを勧告した。

(イ)　個人および団体の福利増進のために、団体を組織する個人の無制限の権利を憲法の保障する諸権利の中に併せ規定すること、

(ロ)　労働団体の構成員たることの故をもっていかなる者をも解雇することを禁止する法令を制定すること、

(ハ)　連邦労働委員会(Federal Trade Commission)が、とりわけつぎのごとき労働者の不当処遇を調査する権限を授けられ、かつ連邦議会の監督をうけるべきこと、

(a)　被用者が労働団体の構成員となることを認められない場合、

(b)　正当な被用者代表と会見し、または協議することが拒否される場合。

この少数意見は、労働者の団結権・団体交渉権を法的に容認し、それを実質的に保障する手段として、連邦労働委員会という特別の行政機関を設置すべきことを公に要望したものであり、その構想は、ワグナー法下の不当労働行為制度の萌芽ともいうべきものであった。

(2)　第一次大戦への参戦に伴って、全国産業協議局（National Industrial Conference Board）は、労働争議調整のための機関の設置を勧告したが、勧告書には、「いかなる者も、労働団体の構成員であること、または構成員でないことを理由に、雇入れを拒否されたり、なんらかの方法で差別待遇をうけることはない……これは米国の基本原則の一つである」旨が明記されていた。右の勧告に基づき労使双方の代表者から成る戦時労働協議会（War Labor Conference Board）が設けられたが、そこにおいて労使代表は、ストライキおよびロック・アウトを行わないこと、団結権・団体交渉権の確認、クローズド・ショップ問題の現状維持等を含む八項目にわたる綱領に同意し、労使休戦を行った。そしてこれらの政策を実施させるためにウィルソン大統領は全国戦時労働局（National War Labor Board）を設置した。すなわち、労働者側の要求する権利を承認し、実現することによって実質的にストライキを防止する方針がとられたわけである。戦時労働委員会は、軍需工場並びに関連産業における労働争議を調停または仲裁によって解決することを主要な職務としたが、争議の調整を容易にするために、

（イ）　労働者は労働組合により、使用者は使用者団体によって団結し、かつそれぞれの選ぶ代表者を通じて団体交渉を行う権利を有すること、

（ロ）　使用者は、労働組合の組合員であること、または正当な組合活動をしたことを理由に労働者に対して差別的取扱をしてはならない。差別的解雇が行われた場合には、解雇によって失われたすべての面にわたって補償を与えた上、その労働者の復職を命ずること、

（ハ）　被用者代表を確定する秘密選挙は、審問官（examiner）の監督の下に行なわれるべきこと、などの原則を採択した。(3)　このようにして労働局は、労働者の団結権・団体交渉権を確認するとともに交渉代表選出の手続、交渉単位制度等幾多の問題を開拓し、不当労働行為制度創出の先駆をなしたのである。

(3)　このように、不公正な労働慣行が資本制経済の発展にとっても、禁ずべき弊害であるという考え方が、次第に政府機関の間で広まって行ったが、やがてこのような考え方は、不公正な労働慣行を立法によって禁止しようとする動きとなって現われた。この点でとりわけ重要なのは鉄道労働法の発展である。

およそ一国の産業発展の指標として鉄道の発達が重要な意義を有することはいうまでもないが、アメリカ資本主義の順風満帆の発展に呼応して、鉄道産業は南北戦争以後急速な発展を遂げた。しかしその反面、放漫な経営と危険きわまりない労働強化が行われ、労働争議の波も絶えなかったのである。そこで鉄道産業はすべて州際通商に密接な関係があり、州際通商の自由な流通を保障するための措置をとることは国会の権限であるとして、連邦政府による統一的な規制が行われるようになった。そのために各州においてその態様を異にしていた労働立法が連邦法の下に初めて統一的に制定されるようになり、連邦労働法発展の基礎が確立されたのである。

一八八八年の鉄道仲裁法によって設けられた調査委員会は、先に述べたように、組合役員の不当な解雇がプルマン争議の原因となっていることを指摘したが、一八九八年のエルドマン法（Erdman Act）は、黄犬契約を違法とするとともに、組合活動を理由とする差別待遇を禁止した。この条項は、「人格の自由と契約締結権を侵害するもの」として、一九〇八年連邦最高裁より違憲の判決をうけたが(4)、この観念は、後にノリス・ラガーディア法およびワグナー法によって再現された。

また一九二六年の鉄道労働法(5)は、労使双方が相手方の代表者と協議することを拒否しないことを義務づけ、代表者選出の自由を保障した。

一九三四年に、さらに連邦議会は、使用者による、組合加入権・交渉代表者選出権の妨害ならびに交渉代表者の否認が労働争議の主要な原因となっているという確信の下に、鉄道労働法を改正し、団結権・団体交渉権の保障を前進させた。同法は、労働者の団結権・団体交渉権を確認し、従業員が多数決原理によって特定の職種また職階の代表者を選出しうること、代表者問題の調査ならびに決定は全国調停局（National Mediation Board）が当ること、使用者は右の代表者と法的義務として団体交渉をなすべき義務を負うことを明らかにした後[6]、

（イ）使用者が、労働団体の結成になんらかの方法で干渉すること、労働団体の運営ならびに援助のために資金を支出すること、労働団体に加入または残留するよう、あるいは加入または残留しないように従業員を勧誘して影響力ないし強制力を加えることなどは違法な行為であること、

（ロ）労働団体に加入しまたは加入しないことを約する契約ないし協定に署名することを雇入れ希望者に要求してはならない旨を規定した。そしてこれらの規定に使用者が違反した場合には、刑罰が科せられることを明らかにし、科罰主義によって使用者の不公正な労働慣行を除去しようとはかったのである。

(4)　一方、労働者の団結ならびに集団行為に対して猛威をふるっていたインジャンクションに対しては、一九一四年にこれを制約するクレイトン法（Clayton Act）が制定された。同法は、ＡＦＬの会長ゴンパースをして「労働者のマグナカルタ」といわしめたほどに高く評価されたのであったが、裁判所の解釈によって事実上骨抜きにされた[7]ため、一九三二年には改めてノリス・ラガーディア法（Norris-La Guardia Act）が制定された。同法は、正当な団体交渉をなすための団結ないし代表者選出の自由を労働者に保障するとともに、これに対する使用者の干渉を排除すべきであるという公の政策を明らかにし、黄犬契約の禁止、正当な争議行為に対するインジャンクションの発布の禁止を規定した。

(5)　一九二九年一〇月、ウォール街の株式市場の大暴落に端を発した大恐慌は、永遠の繁栄を信じて疑わなかったアメリカ社会のすべての階層に甚大な打撃を与えた。工業生産は五三％に減退し、物価水準は四〇％の下落をみ

せた。失業者は、一九二九年の二九〇万に比し、三四年にはその五倍に達し、実質賃金は一九二〇年に比し八四・二％に下落した。飢餓と失意にうちひしがれた人々は、不況克服に対する政府の積極的な行動を希望し、企業統制の強化を望んだのである。このような国民の支持のもとに、アメリカ経済は伝統的な自由経済から統制経済へと一大転換を余儀なくされたのである。一九三二年の大統領選挙には、国民の熱狂的支持をえてルーズベルトが当選した。彼の掲げたプログラムは、絶大な期待の下に全国産業復興法（ニラ法 National Industrial Recovery Act）となって現われた。恐慌克服策としての同法は、一方において国民の購買力の増強をはかるとともに、他方、生産の組織化を行うことによって慢性的過剰生産を克服しようとするものであった。生産の組織化のために、まず企業を強制カルテルによって組織化し、価格・生産の統制を行う一方、労働者の組織化を保護助長し、団体交渉権を肯定することによって賃金の不当な切り下げを防止し、労使間に公正な協約を結ばせ、購買力の増大をはかり、もって資本主義経済の円滑な運行に寄与させようとしたのである。

ニラ法は、以上の目的を達成する手段として、各産業別に自主的に公正競争規約（code of fair competition）を採択させ、右の規約には、

（イ）被用者は、団結権ならびに自ら選んだ代表者を通じて団体交渉を行う権利をもち、かつその代表者の選任、団体の結成、団体交渉その他相互扶助ないし保護のためにする団体行動について、使用者またはその代理人の干渉・抑圧・強制をうけないこと、

（ロ）被用者および雇用希望者は、雇用条件として、会社組合に加入するよう、または自己の選択する組合に加入し、これを組織し援助する等の行為をしないよう要求されないこと、

（ハ）使用者は、大統領が認可しまたは規定する最長労働時間・最低賃金その他の雇用条件を遵守すること、を

記載すべきことを規定している。そして右の規約違反に対しては罰則が付されたのである。

このような二つの政策やノリス・ラガーディア法の制定により、組合の組織化が活発に行われ、労働協約は急増を示した。ＡＦＬが一九三二年の二三二万人から三四年には一躍三〇三万人に組合員を増加したことはその間の事情を物語るものである。かかる組合運動の昂揚に対抗して、使用者側も活発な使用者団体の組織化を行うとともに、ニラ法には会社組合の結成をはばむ条項は全くないと主張して、会社組合の育成にのり出し、従業員代表制やオープン・ショップ制を強く主張した。このような使用者側の態度にＡＦＬは強い反発を示し、ニラ法制定後一月にしてストライキが激発した。

この事態を打開するため大統領は、一九三三年八月、上院議員ワグナーを議長とし、労使各代表三名から成る全国労働局（National Labor Board）を設置し、紛争の調整に当らしめることにした。ＮＬＢは、紛争の大部分の原因が使用者の組合否認、団交拒否にあることを知った。ニラの前後に、多くの企業は従業員代表制または会社組合をつくり、それ以外の組合代表とは会おうとしなかったからである。そこでＮＬＢは、被用者代表を選任するための投票を行わしめ、多数の被用者の支持を獲得した組合に、使用者との排他的交渉権を認めることによって紛争を解決しようとした。

ＮＬＢの数カ月の経験により、ワグナーは、問題の解決は、法的権威と命令を執行させる権限をもった準司法的機関をつくることにあると考え、翌三四年二月に、ニラに代る法案を提出した(8)。しかし使用者側の反対が強く、同法案は議会通過の見透しがたたなかったため、妥協の産物として同年六月、公共決議四四号（Public Resolution 44）が採択された。同決議に基づき第一次全国労働関係局（The first National Labor Relations Board）が設けられた。第一次ＮＬＲＢは、ニラ法七条(a)より生ずる労使間の紛争の調査、交渉代表選挙の実施等をその役割とし、大統領の任命による三名の中立委員からなり、労働長官から独立の機関とされた。

しかしこの局も、ＮＬＢと同じく裁定を執行する権限を与えられなかった。そこで翌三五年二月、ワグナーは再び法案を提出した。同年五月、ニラ法違憲の判決[9]が出されるにおよび、当初はワグナー法案にむしろ冷い態度をとっていたルーズベルト大統領も法案支持へと変り、議会もニラ法失効後の低賃金、長時間労働の復活を恐れて、法案はほとんど原案どおり可決され、同年七月、全国労働関係法（National Labor Relations Act）、通称ワグナー法がここに成立することになったのである。

（1）この時期に設けられた各種の調査委員会とその活動状況については、本多淳亮・米国不当労働行為制度三〇—六頁参照。
（2）コロラド燃料製鉄会社に対する合同炭坑夫組合のストライキが行われている間、スト参加者は会社の住宅から追われ、附近のテント村に住んでいたが、一九一四年四月二〇日、軍隊の出動により、これらのテント村の一つであるルドロウ・キャンプは砲火を浴び、婦人子供を含む多数の人々が殺害された。
（3）Watkins, Labor Problems and Labor Administration in the United States during the World War, 1919, p. 165.
（4）Adair v. U.S., 208 U.S. 161 (1908)
（5）Railway Labor Act of 1926,別名Watson-Parker Actとして知られている。
（6）Virginian Ry. v. System Federation No. 40, 300 U.S. 515 (1937)において、合衆国最高裁は、協約にその旨の規定がなくとも、使用者は、交渉代表者と団体交渉を行い、協約を締結するための合理的な努力をつくすべき法的な義務を負うこと、ならびに団体交渉の目的をもって他のいかなる代表者とも協議しない義務を負うべきことを明らかにした。
（7）Dulex Printing Co. v. Deering, 254 U.S. 443 (1921).

（8）　この時期の立法過程の詳細な研究については、I. Bernstein, The New Deal Collective Bargaining Policy, 1950 参照。なおH. Keyserling, The Wagner Act (its Origin and Current Significance); J.W. Madden, The Origin and Early History of the NLRB, The George Washington L.R. Vol. 29, No. 2 (1960)にも、当時の立法に参画した著者の経験が述べられている。

（9）　Schechter Paultry Corp. v. U.S., 295 U.S. 495 (1935).

二　不当労働行為制度の展開

一　ワグナー法の成立

ワグナー法の立法趣旨は、一条の「政策宣言」に明示されているように、(1)使用者による団結権の否認、団交拒否は、労働紛争ないし労働不安を惹起し、商業の自由な流通を阻害すること、(2)労使の交渉力の不平等は、労働者の賃金および購買力を引き下げ、かつ産業における競争的賃金率および労働条件の安定を阻害することにより、商業の流通を圧迫し、不況の循環を頻繁ならしめるという認識の上に立って、労働者の団結権・団体交渉権を保護助長することにより労使間の交渉力の平等を回復し、もって商業の自由な流通を促進させようとするものであった。この政策を実現するために、同法は八条において、労働者の団結権・団体交渉権の侵害にわたる特定の使用者の行為を不公正な労働慣行、すなわち不当労働行為（unfair labor practice）と名づけて禁止した。そして全国労働関係委員会（National Labor Relations Board）を創設し、団体交渉の適正単位・交渉代表決定のほか、不当労働行為の防止と救済に関する手続を行わせることにした。これに対し使用者側は、労働者の権利のみを一方的に保護するワグナー法は、連邦議会の権限外であり、「正当手続」、「契約の自由」を保障する憲法の諸条項に違反するゆえに違憲無効であるとして、公然とこれを無視する態度に出た。しかし一九三七年四月、ジョーンズ・ローリン事件[1]において連邦最高裁は同法の合憲性を確認した。同判決において、最高裁は、州際通商を圧迫し妨害するおそれがあるのはすべて憲法の通商条項によって連邦議会の立法権限に属するし、また使用者がその営業を組織し、役員を選択する権利をもつと同様に、労働者も合法的目的のために団結し、代表を選択する権利を有する、労働者の右の権利の自由な行使を妨害する使用者の差別的取扱や抑圧を、権限ある立法機関が禁止することは契約の自由ないし正当手続には違反しない、それは一方の憲法上の権利の侵害ではなくて双方の権利の承認であるとした。

(1) NLRB v. Jones and Laughlin Steel Corp., 301 U.S. 1 (1937).

二　ワグナー法下の不当労働行為制度

ワグナー法は、団結権の容認へと向ってきたこれまでの法制による経験を集大成したものである。同法は[1]、まず七条において、ニラ法の七条(a)に規定されたのと同様に「被用者は、自主的に団結し、労働団体を結成し、これに加入し、これを援助し、自ら選出した代表者を通じて団体交渉を行い、かつ団体交渉または他の相互扶助ないし保護を目的とする集団的行動に従事する権利を有する」旨を定め、八条においてつぎの五種類の不当労働行為を規定している。

(1)　七条で保障する権利の行使につき、被用者に干渉・抑圧・強制を加えること、

(2)　組合の結成または運営を支配し、もしくはこれに介入し、あるいは財政上の援助を与えること、

(3)　労働組合の組合員たることを奨励または阻止するために、雇入れ、または雇用関係の継続、もしくは雇用条件について差別待遇を行うこと（ただし使用者が、適正な交渉単位内の被用者代表である組合と協定し、雇用の条件として当該組合の組合員たることを要求することを妨げない）、

(4)　被用者が、本法にもとづいて提訴または証言をしたことを理由として、解雇その他の差別待遇をすること。

(5)　適正な交渉単位内の被用者代表と団体交渉をすることを拒否すること。

以上の不当労働行為を防止し、かつこれを救済するために、全国労働関係局（National Labor Relations Board）が設けられた。ＮＬＲＢは、三名の委員（member）からなる行政機関であり、不当労働行為の救済手続、交渉単位・交渉代表の決定手続を行うことを任務としたが、当事者がＮＬＲＢの発する救済命令にしたがわないときは、連邦控訴裁判所に対し、命令の執行および適当な暫定的救済または制止命令（Temporary Relief or Restraining Order）を請求できるようになっていた。またＮＬＲＢの命令を不服とする当事者は、控訴裁判所に対し、司法審査を請求することができる。

（1）　ワグナー法に関する文献は数多いが、ここでは本多淳亮・米国不当労働行為制度、坂本重雄「アメリカの団体交渉制度」、光岡正博「米国交渉単位制度の本質」立命館法学一六号のみを掲げておく。

三　ワグナー法からタフト・ハートレー法へ

ニラ法に引き続くワグナー法の制定は、組合運動に大きな刺戟を与えるものであった。労働組合は、全国に拡が

り、職場のすみずみにまで滲透していった。職場の労働者は、企業内で、あるいは地域の中で職種別組合の枠をとりはらい、民主的な投票によって選出した代表を先頭に団体交渉やストライキを行うようになった。こうした労働者大衆の、職場と地域での下からの団結と闘いは、産業別組合主義によって立つＣＩＯの成立を可能にした。そしてかつては会社組合を実質上閉め出すための手段として設けられた交渉単位制は、やがてＡＦＬ、ＣＩＯの縄張り争いを惹起させるようになったのである。

ワグナー法の制定に際し、同法の偏向性を強く指摘し、全国的組合運動の生長は、労使間の友好的協調的関係を、アメリカ合衆国に社会的、政治的および経済的危機をもたらす階級闘争の関係に変えるものであるとして反対した使用者階級は、ワグナー法の合憲判決後は、意識的に同法の実施をサボり、あるいは穏健なＡＦＬとクローズド・ショップ協定を結んで活発なＣＩＯ系組合の排除をはかり、さらに違憲判決獲得のための法廷闘争から立法の制定運動へと勢力を転じ、ワグナー法の改悪にそのエネルギーを集中した。

ワグナー法への攻撃はまず州法から始められた。ワグナー法の制定直後、早くも同法の団結権に対する保護的機能を弱化し、もしくは削除するような州法が現われ始めたが、この傾向は、第二次世界大戦に突入するとともにますます強まって行った。例えば一九三九年には、ウィスコンシンおよびペンシルバニヤ両州は、ワグナー法にならってつくられた「小ワグナー法」を雇用平和法におきかえたが、同法は、使用者の不当労働行為と並んで特定の組合側の行為も不当労働行為として禁止しようとするものであった。この新しいタイプの「平等化法」(equalizing law)は、同年、ミシガンおよびミネソタにおいても採用された。この傾向は、戦後ますます強まり、タフト・ハートレー法の成立する一九四七年には、組合側の不当労働行為制度を含め、三〇州においてなんらかの形で団結権を制約する州法が制定されていたのである。(1)

以上のような州法による地ならしとならんで見落してはならないものに、組合に対する世論の変動がある。とくに第二次大戦後の労働不安と、鉄鋼・自動車産業等における大争議は、反組合的宣伝とあいまって、消費物資の欠乏や住宅不足に不満を抱いていた人々の心をいらだたせた。組織労働者は、AFLとCIOに分裂したまま、互に対立抗争に力をそそぎ、労働者階級の立場を公衆に理解させる努力がなされていなかった。「街の人々」は、今や組合の力が余りにも巨大になったため、従来使用者が産業上の権力を濫用したのと同様に、組合側もワグナー法によって獲得した権力を濫用するようになった、したがって組合の権力の濫用を排除し、団体交渉における「力のバランス」を回復させることは、「公衆の利益」を擁護するために不可欠であると考えるようになった。

かくして一九四七年六月には、トルーマン大統領の拒否権をのりこえて、タフト・ハートレー法(Taft-Hartley Act)が制定された。

(1) 州法の以上のような傾向については、Millis and Brown, From the Wagner Act to Taft-Hartley, 1950, pp. 316-332; Millis and Katz, A Decade of State Labor Legislation, 1937-47, Univ. of Chicago L.R. 15 (1948) pp. 282-310.

四　タフト・ハートレー法下の不当労働行為制度

タ・ハ法は、ワグナー法を廃止するものではなく、その構想をうけつぎつつ、これを修正するという形式をとっているが、ワグナー法とは全く異質の要素をもつものである。すなわち、一条の修正部分にうかがわれるように、労働組合、組合役員および組合員の特定の行為は、自由な通商を圧迫し、妨害する意図ないし必然的結果をもつから、このような慣行を取り除くことが必要であるという認識の下に団結権に対する制約がなされているのである。

(1)　タ・ハ法は、七条において、被用者は組合に加入し、集団行動に参加する権利をもつというワグナー法の規定をひきついでいるが、同時に被用者はこの種の行動の全部ないし一部に参加しない権利をもつとして、いわゆる消極的団結権を保障した。

(2)　タ・ハ法はまた八条において、ワグナー法の場合と同様に、使用者の特定の行為を不当労働行為として禁止しているが、いくつかの点で使用者の責任を軽減している。

(イ)　例えば使用者の反組合的な言論ないし文書の配布も、それが「報復ないし暴力による脅迫、利益の約束」を含まないかぎり不当労働行為を構成しない旨を規定し、とくに未組織労働者の組合加入を事実上困難にした。

(ロ)　またタ・ハ法は、不当労働行為の認定について、NLRBが従来より一層厳格な証拠法によらねばならないことを定めたため、組合側が使用者の不当労働行為を立証することを非常に困難にしたのである。

(3)　タ・ハ法による最も大きな変革は、労働組合に対する不当労働行為の創設である。組合側のつぎのような行為が不当労働行為として禁止された。

(イ)　被用者の組合不参加をも含めて、被用者の団結権の行使に抑圧ないし強制を加えること、ならびに団体交渉または苦情処理のための代表者の選出につき、使用者に抑圧・強制を加えること、

(ロ)　使用者をして、被用者に対する差別待遇をなさしめること、ならびに組合費等の不払以外の理由で組合員たることを拒否され、または組合員の資格を喪失した被用者に対して差別待遇をなさしめること、

(ハ)　使用者との団体交渉を拒否すること、

（ニ）　第二次ボイコット[1]、縄張り争いによるストライキ等を行なったり、誘致したりすること、

（ホ）　ユニオン・ショップ協定の下で、過当ないし差別的な組合加入費を徴集すること、

（ヘ）　強制取立の意味で実行されるあてのない労務に対して金銭その他の支払をさせようとすること。

(4)　しかもタ・ハ法は、ＮＬＲＢが、組合または使用者の不当労働行為を中止させるために、インジャンクションを求めることができ、かつすべての二次的ボイコットと若干の縄張り争いに対しては、インジャンクションを求めなければならないと規定し、差止命令禁止立法（クレイトン法、ノリス・ラガーディア法）の適用を外した。ノリス・ラガーディア法によって確立された「インジャンクションの支配」からの保護は、タ・ハ法により崩されることになったのである。

（1）　第二次ボイコットに対する規制は、一九五九年のランドラム・グリッフィン法（Landrum-Griffin Act）によって一層強化された。

第六章　カナダ・オンタリオ州労働関係局の組織と権限

はじめに

カナダ（Dominion of Canada）は、一〇の州（provinces）と二つの準州（territories）から成る連邦国家であり、カナダ労働法には、連邦法と州法の合計一一の異った法体系が存在する。同じ連邦制をとるアメリカ合衆国では、連邦労働法が指導的な役割を果し、法的にも先占理論（preemption doctrine）によって、かなりの部分が統一的な法体系を構成しているのに対し、カナダ労働法では、それぞれの州法が独自性を有し、先占理論により連邦裁判所を通じて判例法の統一がなされるという関係にあるわけではない。しかし、総体としては、カナダ労働法には、なお、コモン・ローの国でありながら労働関係の分野では制定法が重要な役割を果し、連邦法、各州法がそれぞれ独自性を有しながらも先進的、指導的な制定法に追随する形で類似の立法が制定されていること、合理性をもつ判決、裁定例が説得的権威として引用されることにより、事実上判例法の統一化が進められていること、連邦法、各州法の学説による比較法的研究が労働法の統一化に寄与していることといった特色がみられる。

本稿は、州法の中でも指導的地位を占めているオンタリオ州の不当労働行為制度に焦点をあて、とりわけ、オンタリオ労働関係局が現実にはどのように機能しているかを紹介しようとするものである。以下、本稿で、労働関係法（Labour Relations Act）、労働関係局（Labour Relations Board）という場合には、オンタリオ州のそれを指すことをお断りしておきたい。(1)

（1）筆者は、カナダ政府の奨励金の援助をうけ、一九八一年一一月から約二カ月カナダ労働法の研究に従事することができた。本稿は、その際えた資料に基づくものである。本稿で取扱う部分については、とりわけ、ヨーク大学のProf. H. W. Arthurs, トロント大学のProf. D. M. Beatty, 労働関係局のMr. G. W. Adams, Mrs. B. Hopkinsに御世話になった。心から謝意を表したい。

一　労働関係法と労働関係局の沿革

第二次世界大戦前まで、オンタリオでは、集団的労働関係を規律する法制度を欠き、団体交渉や協約の履行は、完全に当事者の力関係に任せられていた。コモン・ロー上、労働組合や協約は、法的な地位を享有することができず、また立法による承認や援助を欠くために、団体交渉それ自体非合法なものとみなされていたのである。とくに裁判所は、団体交渉の観念に敵意を抱き、労働者側の団結に敵対するやり方で法を適用していたといってよい。しかし、一九三〇年代の末から第二次世界大戦にかけて、組織労働者の数は異常な増加率を示し、労働争議が瀕発した。(1) この面からも、労使の利害の対立を調整するためには、集団的労働関係を規律する立法を制定し、コモン・ローを修正していく必要性に迫られたのである。

オンタリオ州の労働関係法には、二つの源流があるように思われる。

その一つは、カナダ連邦法の影響である。今世紀の初頭、連邦政府は、一九〇六年に労働争議調停法(Conciliation

and Labour Act.同法は、一九〇〇年のConciliation Actおよび一九〇三年のRailway Labour Disputes Actを統一したものである)、一九〇七年に労働争議調査法（Industrial Disputes Investigation Act）を制定した。これらの法は、公益を守ることに力点がおかれ、労働者に団結権を保障し、使用者に組合との団体交渉を義務づけるといった性質のものではないが、ストライキないしロック・アウト中の強制調停手続を定める点で、カナダの団体交渉法制の原型をなすものといってよい。一九二五年にToronto Electric Commissioners v. Snider事件[2]において枢密院司法委員会（Judicial Committee of the Privy Council）が、労働関係を規律する権限は原則として州の管轄に属する旨の判決を言渡して以来、同法は州の管轄下にある産業には適用されないことが明らかにされた。しかし、労働争議を第三者の調整によって解決し、公衆の利益を擁護していこうという考え方は、その後の州法にかなりの影響力を与えたのである。

第二は、アメリカのワグナー法（National Labor Relations Act of 1935）の影響である。同法は、労働者の団結する権利および代表者を通じて団体交渉をする権利を保障するものであったが、カナダにおいても、いくつかの州がこれにならった。

例えば、一九三七年には、ノバスコーシヤにおいて、組合結成の自由を保障し、被用者の過半数を代表する組合との団体交渉を義務づける労働組合法（Trade Union Act）が制定されている。同法の違反に対しては所定の罰則が課せられることになっているが、同法は、団結権を侵害された組合ないし労働者に対する救済手続ないしメカニズムに関する規定を欠いていた。すなわち法の履行を確保する唯一の手段は、違反の告発による刑事裁判手続であった。そのために実際上は、団結権に対する保障は、ほとんど実効性を期待することができなかったといわれている。

同じ一九三七年に、ブリティッシュ・コロンビアにおいて産業調停仲裁法（Industrial Conciliation and Arbitration

Act）が制定された。同法は、ワグナー法の団体交渉の保護助長の原理と前記カナダ連邦法のストライキの開始に先立つ強制調停とを結合させたものである。同法は、交渉代表の決定手続を労働省の責任において行わしめようとするものであり、独立した行政機関の設置へのワンステップを印すものであった。同時に、科罰主義が団結権の擁護と団体交渉の助長には余り適切なものではないということを暗黙のうちに承認するものであったといわれている。

この時期の州法のうち、最も重要なものは一九四三年のオンタリオ団体交渉法（Collective Bargaining Act）である。同法は、現行法の母体をなすものであるが、初めて団体交渉を「権利」として認め、これを保護助長する旨を規定している。同法は、コモン・ロー上のドクトリン、とくに民事共謀（civil conspiracy）および営業制限（restraint of trade）の法理を廃止し、労働者が組合を結成し、あるいは組合に加入する権利を認めている。特定の使用者に使用されている労働者の過半数を代表する労働組合は、オンタリオ最高裁に新設された労働裁判所（labour court）(3)に対し、適正交渉単位の交渉代表たるべき旨の認証をうけることを申請することができる。この場合、労働組合は、自由に交渉単位を定めて交渉代表の申請をすることができず、「団体交渉の目的のためには、いかなる被用者の単位が適切であるか」を決定する権限は、裁判所に与えられていた。交渉単位決定の認定基準はとくに定められているわけではなく、同法一三条(5)(a)では、裁判所は、使用者別、職種別、工場または部門別に交渉単位を決定することができる旨を明らかにしているにすぎないが、裁判所は、団体交渉を保護助長する法の政策目的に沿い、社会的、歴史的および経済的な実態を勘案しつつ交渉単位を決定したのである。すなわち、同法は、行政的かつ審決的機能の両面を含み、労働裁判所にも、その司法的役割のほかに行政的権限が与えられていた。

同法は、使用者の影響ないし支配から自由な交渉代表のみを承認するものである。組合の自主性を確保するために、管理監督者（managerial employees）は組合員の範囲から除外された。使用者が、労働組合の活動（trade union activity）に参加した労働者に懲戒処分を行い、あるいは不利益な取扱を行うことが禁止された。さらに使用者には、認証をうけた労働組合を承認し、「労働協約の締結を目的として誠実に」団体交渉を行うべき積極的義務が課せられた。誠実団交義務違反も含めて、同法の違反に対する救済は、労働裁判所に求めることができた。裁判所は、当該行為が同法に反すると認めた場合には、違反行為の中止命令、直接、法に従うべき旨の命令、補償付きの復職命令その他適切と思われる命令を発することができた。すなわち、労働裁判所は、同法の下で生起するすべての問題についての専属管轄を有し、かつそれが最終審であった。労働裁判所がコモン・ローの拘束から自由であることに疑問を残さないために、同法二五条は「本法の規定の施行に際し、裁判所は、衡平および良心にかなうと思われる命令を発することができる。」旨を明記している。かって裁判所がその法的存在を否定した労働協約は、契約としての法的地位を有することになったが、その解釈と適用の権限は、コモン・ロー裁判所にも、制定法上設けられた仲裁委員会にも与えられず、すべて労働裁判所に与えられた。しかも、協約をめぐる権利争議は、労働裁判所により、迅速かつ無料で処理せられることになっていたのである。

しかし、法の理想は、現実には必ずしも生かされなかった。労働裁判所は、管轄においては労働関係の専門の裁判所であった。しかし、労働関係の専門家がこれに当るという保証はなかった。労働裁判所が設置されたときの手続にしたがい、高等裁判所の判事が、二週間交替のローテーションでこれに当った。裁判官は、必ずしも労働事件についての経験を有せず、ローテーション・システムは、経験をつむことを妨げた。そのために、統一的な専門の裁判所としての価値は、実際上、著しく減殺されたのである。労働者側は、労働裁判所のポリシーの一貫性のなさや、証拠法のルールや過度の法律主義（excessive legalism）のために代理人（法律家）による申立のみを認める点を非難した。

一九四四年二月、連邦政府は、戦時緊急措置法（War Measures Act）に基づく戦時労働関係規則（Wartime Labour Relations Regulations, Order in Council P. C. 1003）を制定した。同命令は、カナダの伝統的な強制調停制度とワグナー法の不当労働行為の観念を結合させたものである。同命令は、連邦の管轄下にある産業、軍需産業、および州がその管轄を連邦に委譲した産業に適用されることになっていた。同年四月オンタリオは、右連邦政府命令を州の管轄下にある産業に適用するために、労働関係局法（The Labour Relations Board Act）を制定し、前記団体交渉法を廃止した。そのために労働裁判所は、新しく設けられることになった労働関係局によって置き換えられた。同局は、前記連邦政府命令により設けられた戦時労働関係局（Wartime Labour Relations Board）の下部組織として機能することになったのである。

第二次大戦後の一九四六年に各州労働大臣の会議が招集され、労働立法についての基本的合意が成立した。労働立法の統一化のために連邦政府はモデル法案を作成することになり、一九四八年、産業関係および争議調査法（Industrial Relations and Disputes Investigation Act）が制定された。同法は、当然、連邦の管轄下にある産業にのみ適用されるものであり、一九〇七年の労働争議調査法に代るものである。

オンタリオ州も、これに倣い、一九四八年に労働関係法を制定した。同法は、一九五〇年を初めとして数次にわたる改正を経て今日にいたっている。先に戦時中の特例として設けられた労働関係局は、戦後、連邦の管轄下を離れることになったが、労使関係法の成立により、同法による機関として存続することになり、主として交渉単位および交渉代表の決定、および不公正慣行の規制の権限が与えられることになった。そして、争議の調整の機能は労働省、協約の解釈適用をめぐる争いは仲裁により、また、ピケットやボイコット等違法な争議行為に関連する事件は民事裁判所によって処理されるという体制が整えられたのである。

（1）一九三五年の組合員数は二八万一千人、組織率は一四・五％にすぎなかったが、一九四〇年には三六万二千人、一九四四年には七二万四千人に達している。一九三一年から一九三五年までの五年間のストライキ発生件数は六二八件、参加人員一四万人、労働損失日数百六〇万人日であったのに対し、一九三六年から四〇年までの五年間のストライキ発生件数は八三七件、参加人員二二万九千人、労働損失日数百八〇万人日となっている。さらに一九四一年から四三年にかけて、戦時中にもかかわらず九八二件のストライキが発生し、参加人員は四一万九千人、労働損失日数は二百九〇万人日におよんでいる。しかも、一九三九年には組織労働者中九人に一人が一年のなんらかの時期にストライキに参加しているのに対し、一九四三年には三人に一人がストライキに参加していることが窺われる。R. O. MacCowell, "Law and Practice bofore the Ontario Labour Relations Board," Advocate Quarterly, p. 198.

（2）Toronto Electric Commissioners v. Snider, [1925] A. C. 396, [1925] 2 D. L. R. 5 (P. C).

（3）労働裁判所の詳細な研究には、J. A. Willes, The Ontario Labour Court 1943-1944. がある。

二　労働関係法の概要と労働関係局の性格

一　労働関係法の概要

労働関係法は、一九七〇年の改正法において前文を設け、立法目的を明らかにしている。すなわち、「使用者と、被用者の自由に選出された代表としての労働組合との間の団体交渉の慣行および手続を助長することによって、使用者と被用者との間の調和のある関係を促進することは、オンタリオ州の公の利益であるがゆえに」同法を制定した旨が明確にされているのである。

労働関係法は、この目的を達成するために労働関係局を設け、局に対して行政的司法的な権限を付与している。

(1)　労働関係局は、まず、適正交渉単位の決定と交渉代表の認証および認証の取消しの権限を有する。当事者から右の申請がなされたときには、審問の機会が関係当事者に与えられ、局は公正な決定を行う。しかし、交渉代表の認証および認証の取消しに関連して局の行った事実認定および法律問題は司法審査の対象とすることができない。

(2)　交渉代表の認証がなされたときには、労働協約の締結を目的として誠実に団体交渉を行う法的義務が当事者に課せられる。

(3)　団体交渉を助長するために、労働関係法は調停制度を設けている。調停は、労働省の調停官によって行われ、必要がある場合には三者構成の調停委員会が開かれる。調停手続の進行中およびその後の七日間は、ストライキおよびロック・アウトが禁止されている。

(4)　労働協約の解釈適用をめぐる争いは、協約に定められた苦情処理手続によって処理され、苦情処理によって解決しないときには、仲裁に付託される。仲裁は一人の仲裁人または三人の仲裁委員会によって行われ、協約に定めがないときには、当事者は労働大臣に仲裁人の選任を委嘱することができる。労働大臣の選任した仲裁人に不服があるときには、関係当事者は、労働関係局に仲裁人または仲裁委員会の選任を委嘱することができる。仲裁裁定は、オンタリオ最高裁に登録されることにより、同裁判所の判決と同じ効力を有するものとして扱われる。

なお建設産業においては、労働関係局に直接、仲裁の申立をすることができるようになっている。

(5)　団体交渉を保護助長するために、労働関係法はつぎの行為を使用者および労働組合の不公正慣行（unfair praetices）として禁止している。団体交渉の促進が労使間の中心課題に置かれ、それを阻害する諸要因を除去するという形態をとっているため、団体交渉の当事者である使用者と労働組合とを対等に禁止義務の主体としている点が特長的である。

(a)　使用者の不公正慣行

使用者または使用者団体、および使用者または使用者団体のために行為する者は、つぎの行為を行うことが禁止されている。

(イ)　労働組合の結成および運営に対する干渉（interference）、
(ロ)　労働組合への経費援助、
(ハ)　組合員または組合活動を理由とする採用の拒否、解雇その他の不利益取扱、
(ニ)　被用者の組合加入の妨害、
(ホ)　被用者の組合脱退の強制、
(ヘ)　交渉代表である組合との団体交渉の拒否、
(ト)　組合員であること、または組合員としての義務の履行を威嚇・強制によって中止させること
(チ)　違法なロック・アウトを行い、または惹起せしめ、あるいは行う旨の脅迫を行うこと、
(リ)　労働組合が交渉代表の認証の申請を行った場合、あるいは協約の締結または変更のための団体交渉の申入れを行っている場合に、組合の承諾なく賃金その他の労働条件を変更すること。

(b)　労働組合の不公正慣行

労働組合、労働組合協議会または労働組合のために行為する者は、つぎのような行為を行うことが不公正慣行として禁止されている。

(イ) 使用者団体の結成また運営に干渉すること、

(ロ) 使用者団体に経費援助を行うこと、

(ハ) 使用者が、使用者団体の組合員となることを威嚇・強制によって中止させること、

(ニ) 他の組合が交渉代表の資格を有する場合に、交渉単位の被用者を拘束することを意図して、団体交渉を行い、労働協約を締結すること、

(ホ) 違法なストライキを行い、または惹起させ、あるいは行う旨の脅迫を行うこと、

(ヘ) 違法なストライキに参加することを拒否した組合員を統制処分に付すこと、

(ト) 組合を相手どって不公正慣行の申立を行い、または証人となったことを理由として、組合員に不利益取扱を行い、また威嚇・強制を行うこと、

(チ) 交渉代表の資格を有する組合が、交渉単位内の被用者が組合員であるか否かにより、その利益を公正に代表せず、恣意的・差別的または不誠実に行動すること、

(リ) 組合のハイヤリング・ホールにおける職業の紹介ないし労働者の供給につき、恣意的・差別的または不誠実に行動すること。

(6) なお、労働協約の有効期間中は、協約に拘束される被用者および使用者は、ストライキおよびロック・アウトを行うことが禁止されている。

二　労働関係法の適用範囲

オンタリオ労働関係法は、当然のこととしてオンタリオ州内で就労する労働者の労働関係を規律する。就労場所がオンタリオ州内であれば、居住地が州外であっても差し支えない。(1) 同法は、民間部門（private sector）の労働者のみを対象とし、公共部門の労働者は除外される。すなわち、オンタリオ州政府に雇用される公務員(crown employees)は、公務員団体交渉法（The Crown Employees Collective Bargaining Act）、警察官は警察法（The Police Act）、常勤の消防手は消防署法（The Fire Departments Act）、教員は教育委員会および教員団体交渉法（The School Boards and Teachers Collective Negotiations Act）、コミュニティ・カレッジの教員はカレッジ団体交渉法（The Colleges Collective Bargaining Act）、病院に勤務する労働者は病院労働争議仲裁法（The Hospital Labour Disputes Arbitration Act）によって規律される。ただし、病院勤務の労働者には、労働関係法も併せて適用されることになっている。

民間部門の労働者であっても、(イ)家庭で使用される家事使用人、(ロ)農業、狩猟業に雇用される者、(ハ)造園および植物の育成に従事する園芸家（ただし、使用者の第一次の業務が農業ないし園芸でない場合、および木材の育成および製材に従事する労働者を除く）、(ニ)建築士、歯科医師、土地測量士、弁護士、医師、(ホ)自営業者には適用が除外される。ただし、一九七五年の改正により、自営業者であっても、実質的にその役務の買手に従属しているとみなされる非独立業者（dependent contractor）には、同法が適用せられることになった。すなわち、自己の道具、機械または材料を提供し、コモン・ロー上は雇用関係がないとされるものであっても、経済的に非独立の状態にあり、被用者としての保護に値いする地位にあるとみなされる非独立業者は、労働者として扱われることになったのである。

さらに労働関係法は、経営的機能を担当する管理監督者を法の適用から除外している。管理監督者に該当するか否かについて争いが生じたときには、労働関係局が判定するが、その際、局は、他の労働者に対する監督、支配の程度を考慮することになっている。すなわち、肩書きだけで判断することなく、実質上、採用、解雇の権限を有するか否か、休暇の付与、昇進、賃上げの決定権ないし勧告権を有するか否か、決定を行う際、独立して判断する裁量権を有しているか否か等を考慮して判定されることになっているのである。一般的に製造業においては、労働に従事しない現場長（non-working foreman）は管理監督者とされている。

また、労働関係に関する事項について機密の事務に携わる者も法の適用から除外されている。

（1）Inter-Provincial Paving Co. Ltd., OLRB Rep. Dec. 1962, p. 375.

三　労働関係局の性格

労働関係局は、労働関係法の目的と政策を労働関係において実現するために設けられた行政上の審判所(administrative tribunal)である。局は、労働関係法に基づく労働関係の当事者間の権利義務にかかわる紛争について専属管轄を有する。局は、申立の審理に際し、裁判手続に拘束されず、独自の手続を制定する権限を有しているが、当事者には証拠を提出し、意見を述べる十分な機会が与えられる。局は、原則として関係当事者により審問において提出された証拠に基づいて裁決するのである。局の決定に対しては裁判所に不服申立をすることができず、また局の決定に差止命令を求めることができない。局の決定は、後述するような極めて僅かな例外的な場合を除き、司法審査の対象とすることができないのである。こういった点では、局は、極めて大きな権限を有しているということができる。しかし、労使間の紛争は、権利争議であっても複雑な様相を帯びている。通常の一回限りの対決である民事訴訟と異り、当事者は、その結論がいかなるものであれ、将来に亘って相対的には永続的な関係を維持していかなければならない。そこにおいては、和解ないし衡平の形式による解決が本質的に要請されているのである。そのために、局は、労使公益の三者構成をとり、審問はすべてラウンドテーブルの形式で行われる。そして労使の委員も判定会議に加わり、場合によっては少数意見を付記するのである。局は、先に出された命令に必ずしも拘束されないが、実質的には局の裁決は、コモン・ローが行ってきたのと同様の経験的なやり方で労働関係法を具体的に発展させてきたということができる。なお、労働関係局には、規則制定権が与えられている。

四　労働関係局の組織

労働関係局は、準司法的機能を担当するが、その構成および性格の点で、かつての労働裁判所とは全く異ったものとなっている。

一　労働関係局は、会長（chairman)、副会長（alternate chairman）各一名、委員（vice-chairman）一二名（内、常勤八名、非常勤四名)、および各同数の労使参与委員計三〇名（内、常勤一二名、非常勤一八名）からなる三者構成の機関である。正、副会長および委員は公益を代表する中立委員であり、そのほとんどは法律家である。参与委員

(sidemen）は、それぞれ労使双方の利益を代表し、各産業あるいは組合の事情に精通したものが当るようになっている。参与委員も、各審問に参加するほか、隔週おきに開かれる委員会の会議に出席し、委員会の命令の審議、政策の決定等に加わる。とくに労使の参与委員には、実務家として命令の労使関係に与えるインパクトおよび効果の評価を行うことが期待されているのである。

二　労働関係局は、右の判定的司法的機能のほかに、行政的機能を担当するが、それは、(1)事務局(Administrative Division)、(2)フィールド・サービス（Field Services)、(3)法務部（Office of the Solicitor）によって処理されている。

(1)　事務局

事務局は、事務局長（Registrar and Chief Administrative Officer）が統轄し、日常の事務およびフィールド・サービスについて責任を負う。労働関係局に対するすべての申立は事務局によって受付けられ、審問の日時の決定、交渉代表の選挙の実施その他の手続は事務局によって進められる。事務局長の下に、事務部長（Chief Programme Development）および主席労働関係官（Senior Labour Relations Officer）がおかれ、前者は事務局長を補佐して日常の事務を処理し、後者は、フィールド・サービスを統轄する。会長、副会長、事務局長、事務部長、主席労働関係官、および事務次長（Office Manager）を構成員として運営会議（Administrative Committee）が月一回開催され、労働関係局のすべての運営に関する事項が審議決定されることになっている。

事務局は、さらに(a)事務部（Office Management)、(b)監理部（Case Monitoring)、(c)図書室（Library）の三部門に分れ、六三名のスタッフをかかえている。

(a)　事務部　　事務部は、事務部長によって統轄されるが、四つの課に分れ、それぞれ、(イ)交渉代表の認証、認証の取消し、信認(accreditation)の申請、(ロ)不公正慣行の申立、建設産業の苦情処理、違法なストライキ、ロック・

アウトの申立等を含むその他の申請、(ハ)交渉代表の選挙、(ニ)交渉代表の認証並びに認証の取消しにかかわる証拠の審査等を扱う。因みに一九八〇年—八一年度の一年間に事務部が受付けた局への申立件数は二、八三六件であった。

(b)　監理部　審理の遅延が局の目的を阻害することはいうまでもないが、そのために監理部がおかれ、事件の類型別の平均処理日数と段階毎の所要日数、遅延の原因と問題点等が明らかにされ、審理の促進が図られるようになっている。

(c)　図書室　図書室には、カナダの連邦および州、並びにアメリカの法令集、判例集および法律関係の図書・雑誌類が備えられ、局のスタッフのみならず、関係当事者への情報提供がなされている。とくに労働関係局の命令は、すべて事項別に判旨がカード化されており、類似の事件は、たちどころに検索できるようになっている。図書室には、二名の専門のライブラリアンが配置されている。なお、局の命令は、毎月公刊されている。

(2)　フィールド・サービス部

労使間の紛争が自主的に解決されることは、労働関係法の目的からしても好ましいことである。そのために労働関係局は、主席労働関係官の下に高度の専門的知識を有する一七人の専門官を配置し、当事者間の自主的解決に助力を与えることとしている。一七名の専門官中の五名がグループのリーダーに任命され、この部の運営につき、主務労働関係官を補佐する。

フィールド・サービス部の任務は、つぎのような要領で遂行されている。

(a)　認証　交渉代表の認証の手続についても、当事者間に対決が少なく、協議を基礎として手続が進められることは望ましいことである。

(イ)　審門の放棄（Waiver of hearing）　交渉代表の認証の申請がなされた場合、労働関係官は、まず事件の争点を審査する。交渉単位の範囲に関し、当事者間の合意が成立しているか、あるいはそれに近いものであるとき、あるいは申請に添附された証拠資料に争いがないときには、労働関係官は、当事者に対して、正式の審問を開く必要があるか否かを確める。当事者が審問の放棄に合意したときには、申請は、添附された証拠資料に基づいてなされたものとして処理される。一九八〇―八一年度においては、二六九件について放棄が妥当とされ、その中の二〇五件（七六％）について合意が成立し、正規の審問手続が省略されている。

(ロ)　審問日の活動　　交渉代表の認証の審問は、毎週同じ日に行われる。各専門官には個々のケースが割当てられ、使用者の特定、交渉単位の構成、交渉単位内の被用者の範囲等についての争点が当事者の合意に基づいて解決されるよう調整が行われる。一九八〇―八一年度においては、二九二件中一八二件がこのような形で処理されている。(1)

(ハ)　審査（Examinations）　　当事者間で、使用者の特定、交渉単位の構成、交渉単位内の被用者の範囲等につき合意が成立しなかった場合には、通常、審問の翌日、労働関係官は争点についての審査を行う。審査は審問の形式で行われ、労働関係官および当事者による証人尋問がなされる。証言は、テープレコーダーによって記録され、局の委員による決定の用に供される。一九八〇―八一年度においては、二四七件の審査が行われているが、その中、九四件の審査記録が局に提出され、残りの一五三件は審査の過程で労働関係官の助力により自主的に解決している。

(b)　不公正慣行　　不公正慣行は、申立のあった日から二八日以内に審問が開かれることになっているが、労働関係官は、審問の開始日までに当事者が自主的に解決するよう最大限の努力を払うようになっている。カナダの不公正慣行は、その内容に、(イ)組合活動を理由とする解雇を含む不利益取扱、(ロ)団体交渉拒否、(ハ)違法なストライキおよびロック・アウト、(ニ)組合の公正代表義務（duty of fair representation）違反を含む幅広いものであり、それだけに司法的判定だけでは解決しない問題を含んでいる。そのために、労働関係官は、事前に自主的解決に関与するだけでなく、救済命令の履行についても援助を与えうるようになっている。一九八〇—八一年度において、不公正慣行の申立件数の中、八〇%が審問を経ないで解決していることをみれば、いかにフィールド・サービス部が活躍しているかが推測される。

(c)　建設産業の苦情処理　一九七五年の労働関係法の改正により、建設産業の協約違反、並びに協約の解釈適用等をめぐる争いは労働関係局によって処理されることになった。一九八〇—八一年度には、五〇七件の申立がなされているが、その中の九〇%は、労働関係官の助力により、正規の審問を開くことなく解決している。

(3)　法務部

法務部は、会長に直属し、主席法務官によって統轄される。法務部には、二名のソリシターと四名の習修生(articling law student)が配属されている。法務部は、局の運営のすべての面にわたって法的な援助を与えることを任務とする。ソリシターは法律問題の研究に従事し、必要に応じ、会長、副会長、および委員に対し、法律的なアドバイスを行う。すなわち、ソリシターは、局に対して法律的な意見を提出し、局の審理手続の過程で生じた法律的な争点に関するメモランダムを作成する。また法務部は、局の手続、慣行および政策を審査し、必要な場合には、規則および書式の制定、改正の準備作業を行う。

主席法務官は、フィールド・サービス部のスタッフと定期的に会合し、局の最近の命令等を素材としてその資質を高めるための研修を行うほか、随時、法律問題についての助言を行う。また、主席法務官は、図書室に対して、一般的な収集の方針、並びに局が必要とする特定の法律資料の入手についての助言を行う。

さらに法務部は、局の命令の司法審査が裁判所において行われる際、局の利益を代表する。

法務部は、また、労働関係法、局の規則、手続、その他の法令に関し、公衆に対して情報提供のサービスを行っている。これらのサービスは、電話、面接、手紙等によって受けることができる。局は、毎月、命令集を公刊しているが、その編集は法務部によって行われる。そのほか、法務部は、一般向けの労働関係法のガイド・ブック、局の年報等を編集している。

労働関係局はトロントにあり、ほとんどの事件は、ここで審問が開かれるが、不利益取扱の事件や、多数の証人の出頭を要する事件については、使用者の所在地または近くの都市において審問が行われる。さらに労働関係法違反の申請についての労働関係官の調査および審査、交渉代表決定の選挙等は、同じく使用者の所在地または近隣の都市で行われる。

（1）　本章に掲げる数字は、Ontario Labour Relations Board, Annual Report 1980-81. によった。

第七章　労働問題雑感

一　アメリカの労働関係委員会

一九六二年の夏を私はニューヨークですごした。ウォール街の近くの弁護士事務所に頼んで、労働問題の実務をいろいろと勉強することにしたのである。そして労働委員会にもしばしば足を運んだ。

アメリカの労働関係委員会（NLRB）は、現在三一の地方支局（リジョナル・オフィス）をもっている。私はそのうちの一つのニューヨークの支局に行ったわけである。ニューヨークの地労委といった方がぴんとくるような気がするので、これからは地労委と呼ぶことにしよう。初めて行ったのは八月七日であった。

ニューヨークの地労委は、セントラルパークの南端のビルの一部にある。タイムススクエヤの近くで、東京でいえば銀座の近くのビル街といったところである。事務所は六階にあった。エレベーターを下りるとすぐの廊下にはガラス窓で囲った受付があり、アメリカのお役所のどこでもがそうであるように、ふとった白髪まじりのおばあさんが眼鏡ごしにこちらをじろりと眺めていた。廊下には細長い机が置いてあり、労働者風の男が二人ばかりなにやら書類に書き入れていた。

私は来意を告げ、事務局次長のダニエルソン氏に会いたいといった。ほどなく黒人の美人秘書が小走りにやってきて案内してくれた。ダニエルソン氏は、たいていのアメリカ人がそうであるように、私をあたかも百年の知己であるかのごとく、だきかかえるようにして迎えてくれた。ダニエルソン氏は小柄のイギリス風の紳士であった。簡単な挨拶の後に「アメリカの労働委員会がどのように運営されているのかを見たいのですが……」というと、「それでは話は後にして、早速御案内しましょう」と立上った。そして近くの一室に私をつれて行ってくれた。「丁度今不当労働行為の審問をやっています」といって審問官（トライヤル・イグザミナー）に私を紹介してくれた。審問官は、「今始まったところです。どうぞお坐り下さい」と愛想よくいってくれた。五〇すぎの赤ら顔の人であった。

その部屋は小学校の教室位の広さであった。正面の真中に審問官の席があり、その前に大きな机が三つ、コの字形に並べられていた。向って左手には、ゼネラル・カウンセラー、審問官の正面には組合側の弁護士が坐り、右手には証人席、その近くに速記者の席があった。

審問官の後にはアメリカの国旗がかざってあった。審問官は、「タフト・ハートレー法八条(b)4の事件です」と私に告げて、ゼネラル・カウンセラーに尋問を続けるようにと命じた。

私は「サンキュー」といって腰を下したが心の中で六法全書をもってくればよかったと後悔した。タフト・ハートレー法八条(b)4の事件ですといわれても、労働組合の不当労働行為だということが分るだけで、その中のどれが問題になっているのかよく分らなかったからである。しかし労働者側の不当労働行為ならば日本にはこういう制度がないし、余り役に立ちそうもないからまあいいだろうと思い直し、証人尋問を聞くことにした。ゼネラル・カウンセラーは、大学を出たばかりのような若い男で勇ましく、ぽんぽんとスピーディに尋問を続けて行った。

ゼネラル・カウンセラーというのは、検事のような役割を果す人である。不当労働行為の申立がなされ、調査の上、不当労働行為の疑いがあるとされると、ゼネラル・カウンシルが告訴し、審問では、ゼネラル・カウンシルのアットーニー（法律家）が当事者となって出てくるのである。丁度、物を盗まれたといって告訴すると、裁判では、検事が当事者となってやってくれるのと同じようなものである。

ところでゼネラル・カウンセラーの尋問はスピーディに進むけれども、いつまで聞いていても事件の核心に入らない。したがって、予備知識のない私には、事件の内容がさっぱりつかめない。分ったのは、証人席にいる風彩のいたって上らない男が中小企業の社長であることだけであった。会社の資本金がいくらであるかとか、いつから繰業を始めたかとか、社長はどんな仕事をしているかとか、社長の子供やワイフは会社でどのように働いているかとか、定款をみせてくれとか、業績はどうかとかいうことがえんえんと続くのである。アクビをこらえながら横をみると、組合側の弁護士は誰にはばかるところもなく大きなアクビをしていた。審問官も天井を向いてなにやら瞑想にふけっており、真面目に聞いているのは速記者だけであった。ようやくおひるになり、審問官が続きは午後やろうといった。

ダニエルソン氏の部屋に帰っていくと、早速、「どうでした」と聞かれた。「まるで独占禁止法の事件のようでした。商法は苦手なのでよく分らなかったが、資本金や経理内容ばかり尋問していました」と答えたら、破顔一笑、「そうそう」というので、「三日位続くときもありますよ」といわれた。「ジュリスディクション（管轄問題）だけで三日もですか」、「そうです」というので、「それでは、午後は別の事件を見学させて下さい」といって、外へ出た。

エレベーターでは、偶然に組合側の弁護士と一緒になった。年配のもたもたした感じの人である。審問官にでもなるつもりかというので、日本から不当労働行為の勉強にきたのだと答えると、タフト・ハートレー法のような悪法を見学してなにになるとからんできた。「どういう点が悪法かを知ることは大変に勉強になりますよ、具体的に教えて下さい」というと、「この事件をよく聞いていると分りますよ、アハハではまた午後お目にかかりましょう」と行ってしまった。

午後は、別の事件を見学した。今度は、若い職員が案内してくれた。自分は、調査官（フィールド・イグザミナー）だと名のった。事件の申立がなされると、事件を労働委員会がとりあげるかどうかの調査をやる人である。実際に会社に出かけて行くこともしばしばあるということであった。案内してくれたのは、はす向いの別なビルであった。手狭まなのでここも借りているということであった。エレベーターの中は御婦人がいっぱいで私達と同じ階で降りた。しかし彼女達は、私達とは別のドアに消えて行った。よくみるとビューティ・サロンと書いてあった。美容室と労働委員会が同居していたのである。念のために聞いてみたら、ニューヨークでも最も値段の高いパーマ屋さんだということであった。

午前でこりたので、事件の概要をかいつまんで案内役の調査官に話してもらった。ジ・アンブロス・ノベルティイ・スティッチング会社の、エレクトリカル・プロダクション・アンド・ノベルティイ・ユニオン・ローカル一一八インターナショナル・ユニオン・オブ・ドール・アンド・トーイ・ワーカース・オブ・ユナイテッド・ステーツ・アンド・カナダ・AFL－CIOというこれまた長い名の組合が、会社における排他的な交渉団体である旨の決定を求めた事件である。要するに玩具屋さんで、従業員の過半数が支持する組合をつくったから、唯一交渉団体と認めてくれという申立がなされたのである。アメリカでは、労働委員会がその認定を行うことになっており、決定がなされると使用者は、この組合とのみ団交をしなければならなくなる。昔、CIOとAFLが縄ばり争いをして紛争が絶えなかったので交渉単位をきめて、そこの労働者に投票をやらせ、排他的な交渉団体をきめる制度が生まれたのである。今では、AFLとCIOは合併してしまったから、縄ばり争いの解決という意味はもたなくなったが、組合の力があまり強くないところでは、労働委員会のお墨付きをもらうといろんな点で都合がよいのであろう。とにかくこれも中小企業の事件であった。そして説明をよく聞くと、会社には組合は今までなく、結成の動きがあるたびにつぶされていたらしい。今度組合を結成して団交を求めたが拒否されたので、不当労働行為の申立をしようとしたが、戦術的に不当労働行為事件でいけば、場合によっては二年間ぐらいかかるので交渉代表をきめてもらう手続で行くことに組合側できめたのだという裏話もしてくれた。

部屋は、三〇人位収容できそうな大きさであったが、ビューティ・サロンと同居しているぐらいであるから明るくきれいな部屋であった。ここでもアメリカの国旗が正面にかざってあった。「どこに行ってもアメリカの旗が眼につきますが、アメリカン・ナショナリズムですか」というと、調査官は笑いながら、「今まで気がつかなかったが、そういえばどこにもありますね、官僚主義なのでしょう」と答えた。

審問は予定より二六分遅れて始まった。出席者調べ、会社・組合の名称、住所と型どおり進み、クロス・イグザミネーションではこれまた会社の経営内容の調査が始まり、私をうんざりさせた。皆、煙草をスパスパとふかし、大きなアクビをまじえ、組合側の弁護士はジョークばかりとばし、よくいえば和気あいあいとやっていた。

この日を初めとして、私は一〇日ばかり通って、実際に労働者が交渉代表決定の投票をやるところをみたり、いろいろな記録をみせてもらったりした。そのうちのいくつかを紹介しておこう。

アメリカの労働委員会は、二つの頭をもっているといわれている。一つは、労働委員会の委員であり、一つはゼネラル・カウンシルである。労働委員会の委員は五人で、上院の同意をえて、大統領が任命する。任期は五年である。ゼネラル・カウンシルの方は任期は四年で、やはり上院の同意をえて大統領が任命する。労働委員会の委員は、不当労働行為の判定の仕事をやり、その他のいっさいの仕事はゼネラル・カウンシルの役割となっている。

労働委員会はワシントンにあり、そこにいる委員は、それぞれ二〇人位のリーガル・アシスタント（法律助手）をもっている。このリーガル・アシスタントが実際の仕事をやるのである。またワシントンには六〇人ばかりの審問官がおり、不当労働行為事件のときには、各地に出張して審問を行うのである。四〇%位はいつも家を留守にしているということであった。

私がいままで述べてきたアメリカの労働委員会（NLRB）というのは、連邦の労働委員会のことであり、各州はまた別に、州の労働委員会をもっている。二つ以上の州にまたがる事件はすべて連邦法の管轄に属し、それ以外の州内通商にかかわる事件は、州の労働委員会の管轄下におかれるわけであるが、実際問題として、経済の発展は、古い行政区画を無視して行われているし、組合運動も州をこえた横のひろがりをもって進められているのでその限界線を画すことは極めて困難である。そこでNLRBは、管轄権の基準をつくり、資本金がいくら以上でなければいけないとか、こまかい規則をつくっている。そのために事件は、すべて、まずNLRBの管轄下にあるかどうかという調査審問がなされるのである。会社の資産や経理内容ばかり問題にして私を退屈にさせたのは、このためである。

ニューヨークの地労委には、局長や次長などのほか、四四人のゼネラル・カウンシルのためのアットーニー（法律家）と、一一六人の調査官（フィールド・イグザミナー）、四一人の秘書がいた。五人ないし六人のアットーニーやフィールド・イグザミナーが一つの班をつくり、不当労働行為事件では七つ、交渉代表決定事件では二つの班がつくられていた。

不当労働行為事件の七〇％近くは、使用者の不当労働行為に関する事件である。たとえば組合活動をやったために首をきられたとすると、その労働者は、地労委に行って申立をする。受付には印刷された書類があって、そこに書きこめばよいようになっている。その際、職員がいろいろと手助けをしてくれる。労働者はそれから七二時間以内に、こういうような証拠や証人がいるということを告げなければならないが、それにもとづいて、調査官の活動が始まる。現地に出かけて行って証人を求めたり、宣誓供述書をとったりするわけである、大体三〇日位で調査を終え、報告書が作成される。その報告書にもとづいて、却下すべきか、取上げるべきかの決定がなされるのであるが、そのほかに「どうも不当労働行為くさいから、そういうことをやめたらどうか」という形で話をもちかけて、非公式に解決してしまう場合がある。また当事者が取下げる場合もあるし、却下されるのもあるから、全体として正式に取上げられ、不当労働行為として告発がなされるのは一五％程度である。告発は、地労委の局長が行うが、そうするとワシントンから、審問官がとんできて、審問が行われる。私が見学したのは、この段階の手続きである。審問は、月に一回とか二回とかいうのではなく、始められたら三日でも四日でも続けて行われる。審問が終われば、その結果を審問官が報告書にまとめ、ワシントンの労働委員会に提出する。報告書ができ上るまでには、大体四カ月から五カ月位かかっている。そこには、事実関係や法の適用、救済措置といったことが書かれている。当事者がこの報告書に異議を述べないときは、これがそのまま委員会の命令となるが、異議が述べられた場合には、委員が合議の上で書面審理を行い命令書を作成するわけである。

私が聞いたところでは、審問官は一年に平均一一件をもち、少い人は四件、多い人は四四件もかかえているということであった。不当労働行為の申立がなされてから、命令が出るまでの平均は、一九六一年現在で四〇二日、審問官の報告書が出てから、命令が出るまでは平均一九五日かかるということであった。

二　アメリカの労働者

三年前（一九六二年）の夏のことである。当時ニュー・ヘブンにいたわたくしは、休暇を利用して、カナダ旅行に出かけた。ケベック州のある田舎町のレストランで、わたくしは、メニューをみせてくれと店の女の子に頼んだ。このあたりでは英語はほとんど通じない。やむなく昔習ったフランス話でお得意の手ぶり身ぶりをまぜながら、いろいろと話かけてみた。「あら（チャン）！　フランス語が話せますね」とほほえみながら、女の子はメニューを差出したが、これはアメリカ人向けのものだから値段は高くなっているが、実際は二割引だと真面目な顔でいった。

同じような話をもう一つしよう。その年の暮のことであるが、日本への帰途、ドライブ・マニヤのわたくしは、家族づれで、かつての西部開拓者よろしく、荷物を山のように自動車につみこんだまま、西へ西へと大陸横断の気ままな旅に出かけた。その途中、テキサスからメキシコにちょっと入国したが、ある町の土産物屋で、美しいテーブル・クロスを買うことにした。そのとき、店員が、向うから「これはアメリカ人には五ドルで売っているが、あなたには二ドル四〇でよい」ともちかけてきた。「どうして？」と問うと、「かれらは金持なんだ」と吐きすてるようにいった。長旅で疲れていたわたくしたちが、どうみても金廻りがよさそうにみえなかったことは確かである。しかしアメリカ人だって、わたくしたちと同じように貧しいが、せっせと貯めたお金で旅行に出かけている者も沢山いるに違いない。それらの人達がアメリカン・アクセントの英話をしゃべるからといって、あちこちでふんだくられたのではたまったものではあるまい。すべてのアメリカ人は金持で、陽気で、レジャーを楽しみ、世界のどこへでも気軽に出かけるというイメージのなせるわざである。これも間違いではないが、もちろんすべてではなかろう。

＊　＊　＊

アメリカの労働問題についても、なんとなくつぎのようなイメージをもって話される場合が多い。高賃金、週五日制、ピカピカの自動車と芝生のある豊かな住宅……。組合運動についてもそうである。民主的な労働組合、政治活動をやらず、経済闘争に終始する組合、静かなピケ・ライン……。これらのことは終戦以来、今日にいたるまで、再三聞かされてきたことであり、多くのアメリカ帰りの人たちも異口同音に述べていることである。

果してそのとおりであろうか。そのとおりだとしたら、なぜにそうなのか。わたくしは、たまたまアメリカに行くチャンスに恵まれたとき、少くともこのことだけは自分の眼で、よく確かめ、またよく考えてみようと思った。その結果について、とくに労働組合については報告したいことが沢山あるが、ここでは紙数の関係上、労働者の生活だけに話をかぎることにする。

まず、労働者のいわゆる高賃金からみていくことにしよう。詳細な計算表をいちいち掲げるのは場違いな感じがするのでやめにするが、手元にあるアメリカ大使館文化交換局発行の「変化するアメリカの生活」というパンフレットによれば、一九六一年における一家族あたりの平均年収は、五、三一五ドル、つまり月収にして四四〇ドル余りということである。しかし、ニューヨーク市の製造業に従事する労働者の同じ年度の収入を、アメリカ労働省の統計で調べてみると、週八四ドル三六セント、月収約三三八ドルとなっている。そこで、まあ、おおめにみて四〇〇ドルがアメリカの平均的な労働者の収入だということにしよう。

一ドル三六〇円で計算するかぎり、日本の労働者からすれば、文字通り高嶺の花の高賃金である。そして、われわれがこういった話をするときには、大てい「アメリカでは物価も高いのだから」というようなことで終りになってしまうようである。しかし日常生活の面だけからいえば、円の価値はもっと高く、一ドルは一〇〇円ぐらいに相当する感じである。そうすると円に換算して月収四万円程度というのが平均的なアメリカの労働者の暮しむきということになる。

しかし、月収四万円なら日本とそれほど変らないではないかというのは当らない。日本と比べて、電気、ガス、水道、電話などの公共料金は安いし、パン、肉、野菜を初め、日常の生活物資も、これまた一ドル百円で計算すれば、文句なくアメリカの方が安いから、ただ喰べていくだけなら十分であり、はるかにアメリカの方が暮し易いといってよいであろう。

問題は、それから先である。アメリカでは労働者も、二、三の例外を除けば、栓をひねるだけでお湯も出れば、水も出るという家または部屋に住んでいる。また、たとえ設備は古くても、寝室やトイレまでも暖たまるセントラル・ヒーティングの家に住んでいる。これらは、アメリカの社会ではなくてはならないものとして生活のなかにとけこんでしまっているから、ぜいたくでもなんでもないのである。このような家、あるいは部屋に住めば(このような家あるいは部屋しかないのであるが)、家賃が高いのは当然である。ある程度の頭金を払って、月賦で家を購入するとしても、通常は、家賃と同じ程度か、あるいはそれ以上を支払わねばならない。かくてアメリカの労働者は、いやおうなしに月収の三分の一か四分の一を住居費にもっていかれる。

もう一つの悩みの種は、自動車である。一部の大都会を除き、働きに出るためには、アメリカでは自動車が不可欠である。バスや電車で通える恵まれた職場は、オーバーな表現をすれば、五本の指で数える程度しかないからである。自動車は、通勤に必要であるばかりではなく、多くの場合、街はずれにあるショッピング・センターでの買物にも不可欠である。自動車がなければ動きがとれないのである。しかし洋の東西を問わず、普通の労働者では、おいそれと新車は買えない。中古車だと余計維持費がかかる。あれやこれやで自動車の費用も、職業費あるいは生活上の必要経費として大きくみておかねばならない。自動車の維持のためにアメリカの労働者がどれほど苦労しているかは、外からでは想像できないほどである。貧しい労働者街に並んでいる自動車の群れをみていると、パラドキシカルな意味で、同情の意を表したくなるほどである。

公共料金や日常の生活物資は安くとも、アメリカでは周知のようにサービス料金がえらく高い。そこで御存知のドゥ・イット・ユーアセルフ、日曜大工、日曜ペンキ屋、日曜左官と労働者は休日もおちおちと休めない。そればかりではない。散髪やパーマまで自分でやる人達が多いことは、ディスカウント・ハウスやドラッグ・ストアに理髪の道具一式がセットになって売りに出ていることからもうかがわれる。器用なのは日本人ばかりではなさそうである。

このように多くのアメリカ人は、できるかぎりのことは自分でやって、少しでもお金の出ていくのを防ごうとする。さらに労働者のなかには月給だけでは足りなくて、積極的に夜間、あるいは休日のセカンド・ジョブ、サード・ジョブを求めて活躍する者も出てくる。このような就業時間後のアルバイトをムーン・ライティングというが、意外とその数が多いことにわたくしは驚いた。公けの統計でも約八％位がアルバイトをやっていると報じている。夜や休日のガソリンスタンドはこれらの人達の絶好の職場であるが、このほか新聞配達、タクシーの運転手、バーテンダーやセールスマンと職種もさまざまである。

一度、会社に入ったならば、その会社専一に働くことを旨とする義理固いわれわれ日本人には、アメリカ人のムーン・ライティングは理解しがたいものの一つであるが、わたくしは、当の労働者はもとより、法律家をも含めていく人もアメリカ人にかなり無躾な質問をしてみた。「パート・タイマーは別として、一般に労働者は、従業員としての資格ないし地位を就業時間後といえども保持している筈である。なぜ会社は兼職を禁止しないのか」、「もし、ある会社の女子従業員が、夜間、ナイト・クラブでいかがわしい職業についていたような場合、会社は、その女の子の副業を禁止できないのか」と。答は、ほぼ一致していた。副業をもつことは全く個人的な問題であり、何人もこれを妨げる権利をもたないであろうと。ある若い州立大学の助教授は、「新車を買ったら自分もガス・ステーションに立ちたいぐらいだ。自分が例えば夏休みにそうやって働いても、誰も文句はいわないだろう」と冗談めかして話してくれた。

就業時間後は、一市民として完全に自由であり、なにをしようと、使用者からとやかくいわれるすじあいはないというのは大変に立派な哲学である。しかし、わたくしが問題にしたいのは、週五日制の国でも、実際には、それを享有しえない労働者が少なからずいるという事実である。そして、わたくしは、アメリカで、この問題についていろいろな人と話をしているとき、乏しい家計を補助するために懸命に残業手当をかせいでいる日本の労働者を思い浮べずにはいられなかった。しかし一般論としていうならば、日本の労働者の残業よりはアメリカの労働者の副業のほうがつらいであろう。なぜなら、本業の労働密度は、アメリカのほうが遙かに高いように思われたからである。不幸にして、わたしは国務省の招待でアメリカに行ったわけではなく、時間と意欲は十分にあったのであるが財政が許さなかったため、あちらこちらの工場を見学することができなかった。わたくしが実際にみたのは、わたくしが住んでいたニューイングランドの二、三の小さな工場にすぎない。したがって一般化はできないかも知れないが、そこに働いていた労働者達は、いずれも精根をふりしぼっているという形で働いていた。物の怪につかれたように真剣に働いている労働者達の姿をみて、わたくしは深い感動にうたれた。そして、同時に、これでは家に帰ればバッタリと横になるか、酒でものまなければ身体がもつまいとも思った。このような働きぶりをした上でのムーン・ライティングである。副業は個人の私的問題とすましていてよいものであろうか。

＊　＊　＊

日本の労働者とイメージが交錯したついでに、アメリカの労働市場についてふれておこう。日本では、この点に関して、つぎのようなことがいわれている。アメリカの労働者は、しばしば仕事を変える、日本では職場が再三変わると、「あきっぽい人間だ、とか、なにかまずいことがあってクビになったにちがいない」というマイナスの評価がなされるのにたいし、アメリカではむしろ有能な証拠としてプラスの評価がなされると。日本で通常いわれているこういった議論は、一部の技術者や上級職員のことがあやまり伝えられているような気がする。有能な技術者やタレントの引抜きならば日本でもみられるし、かれらは職場が変るたびに給料も上るであろうから、アメリカと少しも変りはないわけである。一般の労働者はどうかというのがここでの問題である。この問に答えるために、また平均的な、アメリカの労働者に登場してもらおう。

アメリカでも、わが国の場合と同じように新規学卒者の就職は、大てい学校の就職係や州の職業安走所を通して行われる。一方家族の者や知人の口ききで仕事口が選ばれる場合も少なくはない。ともあれ、このようにして人生の第一歩をふみ出した労働者たちは、そのまま同じ職場に定年までふみとどまろうとはしない。夢多き若者たちは最初の職場に多くの場合失望する。ある者は自分に与えられた仕事が期待したようなものではなかったといって失望し、ある者は一緒に仕事をする仲間と気が合わないといって失望し、ある者は上司の者が学校の教師のように寛大ではないといって失望する。そして、よその家の花がつねに赤くきれいにみえるように、よその工場はもっといいにちがいないと考える。かれは、友達から、あの会社で人を探しているという噂を聞けばすぐにその会社に応募するのである。新しい会社でも労働者は、同じように失望し、またつぎを探す。そして、どこに行っても同じようなものだという悟りを開くまで、会社を変える。ハイスクール卒業後、数年間に二、三回というのが平均的な数字であり、多い者は一〇回も転職するのである。

しかし、やがて結婚し、子供でもできると労働者の考え方は一変する。生活の重荷がかれの両肩にぐっとかかってくるからである。労働者は、一つの職場にがまんをするようになる。数年も辛抱すると先任権がつき始める。勤続年数に比例して年休も増える。老後にもらえる年金も勤続年数が長くなると少しは増えるというささやかな楽しみも出てくる。アメリカの労働者は、二五歳をすぎると、よほどのことがないかぎり、職場を動こうとはしなくなるのである。そして中年すぎると、今度は、職場を変わりたくとも雇ってくれるところがなくなる。労働者は先任権を後生大事に守りながら職場にしがみつくのである。

以上がアメリカ版「労働者の一生」である。

このようにしてみると、アメリカの労働者も日本の労働者の場合と大差ないことに気がつく。ただ、日本では、大企業に就職したものは、当初からほとんど他企業に移動しないが、アメリカ人でも、賃金や職場の環境が他に比較して格段すぐれているという同じ条件が与えられたならば、こういったグッド・ジョブは容易に手放しはしないであろう。

＊　＊　＊

アメリカの労働者について語る以上は、移民労働者や、黒人労働者の問題にもふれないわけにはいかない。人種問題はアメリカの泣きどころであり、外交的な礼譲からは眼をつぶりたいところでもあるが、一言だけいわせてもらうことにする。

周知のとおり、アメリカは人種のるつぼであり、複雑な国である。人種、宗教、原国籍を核として構成された多くの部分社会が迷路のように錯綜している。そして新世界へ、かれが、いつ、どのような資格でわたってきたかによって社会的な階層がおのずとでき上るようになっている。したがって地域によって差別待遇をうける対象が異る。たとえばボストンではアイルランド人が社会的にも低くみられ、シカゴやデトロイトではポーランド人が、ニュージャージーではイタリヤ人が、ペンシルバニヤ、ネブラスカ、ウイスコンシンではドイツ人が、ミネソタではスカンヂナビヤ系の人達が、ニューイングランドではフレンチ・カナディアンが、テキサスではメキシコ人が、そして太平洋岸では日本人や中国人が、下層の仕事にしかつけなかったのである。英語がうまく話せず、生産水準の相違から低賃金労働にも甘んじがちであった移民労働者達は、労働者仲間からも差別をうけ、苦難な生活を送らねばならなかったが、その二世、三世になると事情は変り、とくに白人労働者の場合には、言語、風俗、習慣の同一性から、ほとんど差別待遇なしに労働市場にくみ入れられていった。しかし黒人労働者の場合は、こうした世代の交替による差別待遇の変化は全くみられず、問題を今日にまでもちこしているのである。

黒人労働者が、社会的に、あるいは雇用上どのような取扱いをうけているかは、詳しく述べる余裕がないが、要するにかれらは、なかなか仕事にありつけず、仕事があったとしても、いわゆる賤業か、低賃金の職種しか与えられないのである。かりに同じ仕事をしたとしても、黒人は白人労働者の六割程度の賃金しかえられない。このように黒人労働者は、雇われるのが遅いかわりに、不況ともなれば真先に企業からほうり出される。そしてしばしば生活のために、スト破りの役をすら果すので組合からも白眼視される。

もちろん、こうした状態がいつまでも放置されているわけではなく、おおげさにいえば、目下、アメリカでは国をあげてこの問題にとりくんでいる。しかし、わたくしが、黒人労働者や移民労働者についていいたいことは、わが国で臨時工が果している役割を、アメリカではこれらの労働者が行ってはいないかということである。人種を捨象し、経済問題として眺めると、両者には多くの類似性がみられるのである。それだけに黒人問題は大きな社会問題でもあるのだが。

＊　＊　＊

最後にアメリカの労働者の悩みの一つである病気の問題についてふれておこう。アメリカでは社会保障制度が、かなり整っているにもかかわらず、医療保障の面は立ち遅れをみせている。大企業に勤め、一流の労働組合に加入していれば、一流の健康保険のおかげで、病気になっても、いたれりつくせりの看護をうけることができる。しかし、それほどでもない企業に勤め、それほどでもない組合に加入している場合には、労働者は救われない。眼の玉のとび出るような医療費も、なにかの健康保険に入っていればいくらかはカバーされるが、それでも自己負担分は、わが国の場合と比べて問題にならない程高額である(もちろん保険の種類、掛け方によって異なる)。掛金を惜しんで保険に入っていない労働者がいたら、労働者の病気、正確には病気に伴う出費にたいする不安感は大変なものであった。

＊　＊　＊

このようにみてくると、高賃金、週五日制、ピカピカの自動車と芝生のある住宅、高い生活水準……というアメリカの労働者のイメージは、むなしく消えていく。けた違いだと考えられていたアメリカの労働者も、わが国の労働者と似たような面をいくつももっていることに気がつく。少なくとも平均的なアメリカの労働者の生活は、かならずしも楽ではなさそうである。

しかし、わたくしは、故意に、ネガティブな面だけをもってきて、アメリカの労働者もやはり大変なんだということをいおうとしているのではない。従来、なんとなくいだかれていたイメージだけでアメリカの労働者なり、労働問題を判断するのは危険であることを、その半面を示しつつ述べただけである。わたくしは、これらのアメリカの労働者が直面している諸問題に真面目にとりくんでいる多くの組合運動や労政当局の人達にも会い、話合った。わたくしたちは、労働問題がもっている共通の性格をいくつか確認しあうことができた。「アメリカの労働者」とて、例外ではありえないのである。

三　黒人労働者

アメリカの都市を自動車で通りすぎるとき、町全体が黒くすすけ、新聞紙がちらかり、何か異様な臭いのするところにぶつかれば、それは黒人街であると思って間違いない。昼間は、ねむったような静けさのなかに、子供のけたたましい叫び声だけがひびき、夜は、わけもなく街路に人びとがたたずんでいるのも黒人街に共通してみられる現象である。

白人は、太陽と緑に恵まれた郊外へ逃げ出し、都心には、吹きだまりのような黒人街が形成されていく。この不健康で惨めな町については、多くを語る必要はあるまい。私は、ニューヨークのブロンクスの一角で、ニグロの子供達が、短いタバコをスパスパとふかしながら小銭を舗道につんでトバクに興じているのを暗い気持ちで眺めた。黒人街には、貧困とともに悪徳もまた沈澱しているのである。

＊　＊　＊

黒人達が、社会的に、あるいは雇用上どのような取扱いをうけているかを少しばかり眺めてみることにしよう。

私は数年前、アメリカの南部を旅行したとき、しばしば土地の新聞の求人広告に「ホワイト・オンリー」とか「アングロ・オンリー」と書かれてあるのをみた。このように露骨でなくとも、会社発行の求職票に人種とかカラーの種別を記入する欄を設けたり、州の法律で差別待遇が禁止されると、求職の際、写真を提出させ、あるいは面接でニグロであることを確認の上不採用にしたりすることが行われている。したがって黒人達が、みいりのよくない、人のいやがる職業にしかつけないことは容易に推察することができよう。たとえば単純な肉体労働者（農業労働者を含む）は、白人の場合は全白人の雇用労働者中二八・五％にすぎないのに反し、黒人の場合は、それが六二・二％におよんでいる。熟練工は、白人は、一五・六％を占めるのに対し、黒人は四・四％にすぎず、いわゆるホワイトカラーに属する職種については、白人中三〇％のものがこれ該当するのに対し、黒人は、僅か五％にすぎない。そして失業率も一九六一年一二月現在で、白人の場合は五・二％であるのに対し黒人は一二・四％におよんでいる。

黒人労働者は、たとえ仕事にありつけても低賃金に悩まなければならない。一九五四年の国勢調査によれば都市の白人の家族の年平均収入は四、八二七ドルであるのに対し、黒人は二、八七六ドルをえているにすぎず、とくに南部では、僅かに一、八三八ドルにすぎない。全く同一の仕事につくことができたとしても、黒人は白人の六割程度の賃金しかうることができないのである。

このような低賃金にあえぐ黒人労働者が、団結して闘うために組合に入れてもらおうと思っても、おいそれとはいれてくれないのが普通である。とくに伝統を誇るクラフト・ユニオンの場合にはそれが甚だしい。たとえば機関手組合の規約には、はっきりと「白人でなければ組合員となることができない」と書かれているし、このような規約がなくとも、慣習上黒人の加入を認めない組合も多い。鉄道関係の多くの組合や、スティール・メタル・ワーカーの組合等は、黒人専用の附属組合を別個に作って、そこに加入させ、実質上黒人が発言権をもたないようにしている。また組合加入について、組合員の推薦を必要とするとか、組合員の過半数の支持を要するという手続を設け、黒人の加入を誰一人支持しないというやり方をとっている組合も少くはない。

黒人労働者が加入していない組合では、当然にかれらの利益は代弁されない。黒人労働者に相談なしに不利な賃金や労働条件が定められる。黒人労働者の職種を下等のものに限定する協約が結ばれたり、ニグロに不利な先任権の制度が決められたりする。そして黒人労働者は、雇われるのが遅いかわりに、不況ともなれば真先に企業からほうり出されるのである。

組合がニグロを排斥するのは、かれらの生活水準の低さが組合員の足をひっぱるとか、組合員の団結が乱されるとか、組合の切り崩しに使われるとかいったさまざまな理由に基づいている。そしてまた実際、黒人労働者達は、しばしば生活のためにスト破りの役を果たし、組合から白眼視されているのである。

もちろん、こうした状態がいつまでも放置されているわけではなく、立法によって差別待遇を禁止しようという試みは長く続けられてきたし、おおげさにいえば、目下、アメリカでは国をあげてこの問題にとりくんでいる。しかし、黒人労働者や移民労働者についてわたくしがいいたいことは、わが国で臨時工が果たしている役割をアメリカではこれらの労働者が果たしてはいないかということである。人種を捨象し、純粋に経済問題として眺めると、両者には多くの類似性が認められる。それだけに黒人問題は、単なる社会的な偏見だけでは片づかない難かしいものを含んでいる。そしてまたわれわれも、黒人問題はアメリカの泣きどころであるとか、アメリカは気の毒だといってすましていることができないことに思いをいたすべきである。

四　オーストラリアの調停仲裁制度

昨年(昭和五七年)の九月から一〇月にかけて、オーストラリアとニュージーランドに行く機会があったので、オーストラリアの調停仲裁制度について紹介することにしよう。

オーストラリアは、国土は日本の二〇倍、人口は日本の約八分の一。とにかく広い国である。九月から一〇月は、ちょうど、春。美しい花がいっぱいに咲きみだれていた。

オーストラリアの労働法は、連邦法と六つの州法に分れている。オーストラリア連邦議会は、憲法五一条三五項により、「一州の範囲を超える労使紛争の予防と解決のための調停仲裁に関する」法律制定の権限を有し、これに基づいて、調停仲裁法 (Conciliation and Arbitration Act) が制定されている。同法は、一九〇四年に制定されたものであるが、数次の改正を経て今日にいたっている。オーストラリアは、ニュージーランドとともに、イギリスのコモン・ローを継受しながら、調停仲裁法を軸として独自の労働法を発展させており、調停仲裁制度は約八〇年の歴史的な経験を有しているという点からも、興味のある素材を提供している。

いうまでもなく、連邦法である調停仲裁法は、州の範囲をこえて発生する紛争にのみ適用される。現在連邦法の適用下にある労働者の比率は三八・六%、州法の適用下にある労働者の比率は五〇・四%となっている。しかし、たとえば石炭産業のような重要産業については、ニューサウス・ウエールズ州と連邦の共同立法による特別法により、州の枠をこえる石炭産業労働審判所が設けられているし、州の法律や裁定が連邦の裁定に反する場合には、後者が優先することになっているので、連邦法が州法をリードする地位にあるといってよい。また、たとえば賃上げなど、連邦の調停仲裁委員会が決定した裁定は、立法または慣習によって、州の裁定に影響をおよぼすようになっているので、連邦労働法が支配的な地位を保っているということができる。

さて、調停・仲裁といえば、われわれはすぐに労調法や公労法の調停・仲裁制度を連想する。しかし、アメリカ人やカナダ人であれば、調停はともかく、仲裁については不当な理由で懲戒処分になったとか、首を切られたといった事件を連想するであろう。労働関係における紛争は、賃上げなどの利益争議と解雇などの権利争議に分けることができるが、オーストラリアの調停仲裁制度は、この両者を含んでいるのが特徴的である。また、他の国では、通常、団体交渉→協約というプロセスで労使間のルールが形成されているのに対し、オーストラリアでは、基本的には、調停仲裁→仲裁裁定というプロセスで労使間のルールがつくられている。

もっとも、連邦法においては、その後の法律改正により、利益争議と権利争議が分離されて、今日では、権利争議は連邦裁判所の労働部（Federal Court of Australia, Industrial Division）が扱うようになっているが、州のレベル、たとえばクィーンズランド調停仲裁委員会は、賃上げ等の紛争とともに、組合活動をやったために首を切られたといった権利争議も同時に扱うのである。また、オーストラリアでも労使が自主的に団体交渉を行い、協約を結ぶことが禁止されているわけではないから、調停仲裁制度の枠の外側で団交を行い、協約を結ぶことも可能である。しかし、このような協約は、法的には紳士協定としての性格しか認められないため、その例は極めて少ない。自主的な団交による協約は、そのほとんどが後に述べるような方法で外形的には仲裁裁定の衣をまとっているのである。

調停仲裁制度を利用するためには、労使双方の団体は、まず、労働登録官事務所(Office of the Industrial Registrar)

に登録することが必要である。労使双方の団体は登録により、法人格を取得するとともに、調停仲裁法の定める各種の権利を享有することができる。それと同時に、これらの団体は、民主的な運営についての法的な規制をうける。そして、一つの団体が特定の産業、職種、職業との関連で登録された場合には、その団体は、その産業、職種、職業に関する唯一の代表団体となるのである。アメリカ法やカナダ法の交渉単位の決定および交渉代表の決定が、オーストラリアでは登録という形で行われている。いわゆる組合の縄張り争いは、登録の際の審問で解決されるようになっているのである。

調停仲裁委員会の手続は、つぎのような形で行われる。組合が、たとえば現行の週四〇時間制を週三五時間制にしたいという場合には、使用者に対し、その旨の要求書を送り、一定の日時までにその要求を受入れるように求める。この期限は普通一〇日間とされている。指定された日時までに回答がもらえないか、満足のいく回答でなかった場合には紛争が発生したことになる。組合側の要求と使用者の回答（拒絶も含む）のズレが紛争の範囲（ambit）ということになり、それが調停仲裁委員会の取扱いの範囲となるのである。先程の例でいえば、使用者側が労働時間の短縮を拒絶したときには、紛争の範囲は週三五時間から四〇時間となり、三八時間の回答をしたときには、三五時間から三八時間がその範囲ということになるわけである。

紛争は、まず調停委員会に付託されるが、紛争が調停委員会の手に移ってからでも、当事者は調停委員会の外で話合いを続けることができるし、相手方が話合いに応じようとしないときには、委員会は強制的に会議を開くよう命ずることができる。当事者間で協議がまとまれば、当事者は協約案を作成し、調停委員会に認証を求める。委員会は、その内容が公益に反するような場合を除き、認証を拒否することができない。委員会の認証をうけた協約は、仲裁裁定と同じ効力をもつ。また調停の段階で合意が成立したときには、当事者はこれと同じ内容で同意裁定（consent award）を下すよう委員会に求めることができる。

調停が成立しなかったときには、紛争は仲裁に移される。仲裁は普通の事件では一人の委員によって行われるが、労働時間の変更とか、全国的賃金または最低賃金の引上げ、有給休暇や有給勤続休暇に関する紛争についてはフルベンチ（三人）による審理が必要である。私も、メルボルンでフルベンチによる仲裁の審理を傍聴したが、中央の一壇高い所に三名の委員が座り、その下に速記者と書記、委員と向かい合っておかれているテーブルに、左に組合側代表、中央に政府代表、右に使用者代表が座り、その横に証人席、後方のベンチに傍聴人が座るようになっていた。政府代表は、公益のためにフルベンチのいかなる審理にも参加して意見を述べられるようになっている。仲裁裁定は五年をこえない期間（認証された協約の場合は三年）で有効期間を指定しなければならない。仲裁裁定は、法的な強制効力が与えられ、違反には罰則が定められている。仲裁はある意味では強制仲裁といえるが、仲裁裁定が出されるまでのストライキが禁止されているわけではないから、独特の制度といってよいであろう。

五　アルコホーリズムと懲戒

昨年（昭和五六年）の一一月から二カ月ばかりカナダで過ごした。カナダでの生活は、旅行者である私にとってはきわめて快適であったが、インフレと不況に悩む一般のカナダ人にとっては、失業、物価高、住宅難、青少年の非行問題等が重なり合い、苦しみの連続である。新聞では、工場閉鎖、レイオフ、ストライキ、デモが毎日のように報道されていた。アメリカと同じように、経営難に基づくレイオフはいとも簡単に行われる。一部の大組合に属する労働者は、協約によって若干の手当の支給をうけるが、これとてすぐになくなる雀の涙のようなものである。大部分は、勤続年数に応じてなにがしかの失業保険をうけ、やがては生活保護の対象へと転落していく。日本の労働者のいわゆる生涯雇用の慣行は意外と知れわたっており、いたるところで質問をうけたり、うらやましがられたりした。しかし、カナダ人やアメリカ人が理解している日本的労使関係は一種の神話のようなものであり、生涯雇用を成り立たせている日本の労働者の勤勉さ、会社に対する忠誠心、合理化、生産性の高さ、臨時労働者・下請労働者の存在といったことはほとんど知られていない。さすがにチープレーバーとかソーシャル・ダンピングといった非難は影を潜めたが、輸出攻勢をかけ、他国の労働者の職を奪うことによって日本の繁栄がもたらされているのではないか、といった批判はあちらこちらで耳にした。しかし、先任権の高い中高年層を例にとってみれば、日本より雇用は安定しているといってよいし、不況時にはパートタイマーや下請労働者がバタバタと整理されている実態をみれば、日本にはレイオフがないとはいい切れないのである。しかし、所変われば品変わる。労使関係の違いを感じさせられた事例の一つを紹介することにしよう。

アメリカと同じように、カナダでは労働契約上の権利義務関係をめぐる争い（正確には協約の解釈・適用をめぐる争い）は裁判所ではなく、仲裁手続によって解決されるしくみになっている。いくつかの事件を傍聴させてもらったが、そのなかのひとつにつぎのような事件があった。

あるテレビ会社の従業員が仕事中、再三酒を飲んでいたため懲戒解雇になったという事案である。労働弁護士のK女史から電話で誘いをうけ、「よろこんで出席させてもらう」と返事はしたものの、事件の概要をきいて「とうてい勝目はあるまい」と思った。しかし、仲裁の前に行われる苦情処理では、「懲戒解雇は不当であるから、原職に復帰させろ」という結論が出ており、会社側がこれを不服として仲裁にもちこんだのである。

仲裁は、日曜の午前一〇時から、トロント市内の一流ホテル、ロイヤル・ヨークのノバスコーシャの間というところで行われた。仲裁人は一人であった。仲裁は、事件によっては三人で行われる場合もあるが、一人である場合が多い。私が何人かの仲裁人に聞いたところでも、複数だと時間がかかるのでシングルの方がやり易いと答えていた。仲裁人が正面に座り、仲裁人の方から右手に組合側、左手に会社側が座った。組合側は弁護士一名、上部団体役員一名、組合役員一名、会社側は弁護士一名、役職者三名という構成であった。通常は、双方の証人が出席し、証人尋問が行われるが、この事件では、本人も、証人も、傍聴人も（私を除いては）出席していなかった。朝一〇時から始まったので、一二時からは昼休みがあり、途中にはコーヒーぐらい出るだろうと思っていたら、一切の休みなし、一流ホテルでありながら水一杯出なかった。終わったのは四時。私はくたくたに疲れたが、皆ケロッとしていた。私が出席した事件はすべてこの調子で、審問は一日で片づけるが昼食抜きには閉口した。終わった後の雑談で、私が「キャナディアン・メイクス・ジャパニーズ・レイジー」（カナダ人からみれば日本人は怠け者だ）といったら一同大笑いになった。

審理は会社側弁護士の弁論から始まり、約三時間、延々と一人でしゃべりまくった。会社側の出席者は、その間、煙草を吸ったり、新聞を読んだり、きわめてリラックスした姿勢をとっていた。組合側の役員も同じようなもので、熱心にメモをとっていたのは、仲裁人と組合側弁護士、それに私の三人であった。会社側は、まず就業規則(カンパニー・ルール)でアルコールが禁止されていること、ビジネスがとくにTVステーションであることを述べ、日時をおって、被解雇者が仕事中、あるいは会社の構内で酒を飲んだこと、そのために話も動作もスローであったこと、しばしば警告を発したことを書面による証人の証言とともに主張・立証し、懲戒解雇以外の結論はないと述べた。

これに対し、組合側弁護人は、本件の場合、懲戒手続をふんでいないこと、さらに本人はアルコール中毒者であり、アルコール中毒の治療をうけていたことを医師との一時間におよぶ電話での会話、診断書等によって主張・立証し、本件の場合は病気休暇の扱いをすべきで懲戒解雇にしたのは不当であると述べた。そして組合側弁護人は、類似の事件の有利な仲裁裁定を提出するとともに、延々二時間にわたって会社側の非人間的扱いを攻撃した。

会社側弁護人は、これに対して、予備的請求として、遅刻や欠勤が多かったことや仕事をしながらいつも「疲れている」と同僚にもらしたことなどを挙げ、「もしアルコールを飲まなかったとしても解雇したケースである」と述べた。

残念ながら、私は仲裁裁定が出る前に帰国したので、ここでは、この結論がどうなったかを報告することができない。ただ、この事件について数人のカナダ人と話し合ったところでは彼が本当にアルコール中毒であるなら解雇はできないであろうということであった。ある石油会社の重役は、うちの会社の規則でもアルコホーリズムは病気扱いにすることになっているので懲戒解雇はしないといっていたし、私の友人(公正取引委員会の委員長)もアルコール中毒は個人の責任ではなく、社会の責任であるから、会社はメディカル・ケアーを与えるべきだと答えた。専門家の労働法学者もアルコール中毒と認定できれば解雇はできないケースだと答え、それがなぜに問題になるのかが分からないという顔をした。

確かに法律は、一般に、よっぱらい運転を除いてアルコール中毒者には寛大な取り扱いをしている。懲戒でもその行為について責任をもてない者には懲戒処分を課しえないというのは確立された法的なルールである。このルールを適用すれば会社はまず病気休暇を与えて治療に専念させるべきで懲戒解雇はできないという結論になるのであろう。しかし、一方では不況であれば理由なしにレイオフにすることが正当とされ、労働者は法的には全く争う道がないのである。よっぱらいにとっては、カナダの方が日本より遙かに天国であり、この点だけをみれば、カナダの労使関係の方が人間的でもある。アルコール中毒は、一種の社会的な病気である。しかし、アルコール中毒の原因をつくる点で個人には全く責任がないといい切れるであろうか、いかに心神耗弱の状態にあっても、よっぱらい運転は厳しく罰せられている。同様にチームワークで働く職場にあっては、アルコール中毒者の飲酒も、他の労働者にいかなる不測の危害を与えるかは分らないのである。アルコホーリズムに寛大なカナダ法は私には理解できないものの一つであった。

解　題

本巻は「アメリカのユニオン・ショップ制」と題し、組織強制についての論文を中心に、アメリカ労働法に関する論考と、カナダ・オンタリオ州の労働関係局の組織の紹介、アメリカ、カナダ、オーストラリアの労働問題に関するエッセイを併せて収録することにした。

私は、一九六〇年九月から二年半、大学院の学生としてイエール大学に留学したが、その時に提出した英文のタームペーパーを基に書いたのが、第一章「アメリカのユニオン・ショップ制」、第二章「エイジェンシィ・ショップ」、第三章「組合加入権の法理」、第四章「アメリカ労働法における連邦法と州法」である。これらの論文は、私にとっては、留学の成果ともおみやげともいえる懐かしい論文である。

大学卒業後、研究生活に入ってからも大陸法しか知らなかったため、英米法を勉強してみたいと思っていたが、運良くイエール大学に留学することができ、ケースメソッドを徹底的に勉強することができた。講義や試験についていくため、朝早くから夜遅くまで、ほとんどローライブラリーに閉じこもる毎日であったが、地元の新聞で近くにストライキがあると聞けばとんでいき、ピケットのはりかたや、スト中の労働者の生活などを実地に見学し、ついには組合幹部やオルグと仲良くなって、夜の組合の集会には電話で誘いを受けるようになった。また何人かの労働者と親しくなり、パーティによれば、いろいろな問題を議論し合ったりした。長い夏休みには、ニューヨークの労働弁護士の事務所にお世話になり、顧問をしている組合の団体交渉に一緒に出席したり、労働委員会のニューヨーク事務局に通い、不当労働行為の審査を傍聴させてもらったりした。実りの多い留学生活であった。

また一九八一年一一月から二ヶ月カナダ政府の招聘でトロント大学を中心にカナダ労働法を研究する機会を得たが、このときも精力的に動き回って、オンタリオ州、ケベック州、ブリティッシュ・コロンビア州の労働法の比較研究をした。カナダの州法のなかでも、ブリティッシュ・コロンビア州は比較的革新的、オンタリオ州は保守的といわれており、ケベック州はフランス法の影響をどの程度受けているかという点に興味をもったからである。このときも多大な成果を得たと思っている。

しかしアメリカのときもそうであるが、いつか発表しようと思いながら忙しさにまぎれて発表の機会を失したまま、私の手元には眠っている文献、資料、メモなどが山のようにある。これらを論文として後進の人に残すことができなかったのは残念である。

各論文の初出の掲載誌名と年度は次のとおりである。

第一章　アメリカのユニオン・ショップ制

一　クローズド・ショップの起源（『社会科学研究』二四巻四号）

二　クローズド・ショップ対オープン・ショップ（『社会科学研究』二五巻一号）

三　タフト・ハートレー法下のユニオン・ショップ制（『社会科学研究』二六巻三・四号）

第二章　エイジェンシィ・ショップ（『民商法雑誌』四九巻二号）

第三章　組合加入権の法理—アメリカ法を中心として（『季刊労働法』五二号）

第四章　アメリカ労働法における連邦法と州法（『日本労働協会雑誌』六六号）

第五章　アメリカ法上の不当労働行為制度（『新労働法講座6』有斐閣）

第六章　アメリカ雑感

一　アメリカの労働委員会（『労働宮城』一九六六年四月号）
二　アメリカの労働者（『アメリカの労働問題』一九六五年四月号）
三　黒人労働者（『労働宮城』一九六六年五月号）
第七章　カナダ・オンタリオ州労働関係局の組織と権限（『法学』四六巻四号）
第八章　カナダ・オーストラリア雑感
一　アルコホーリズムと懲戒（『日本労働協会通信講座会報』五七年二月号）
二　オーストラリアの調停仲裁制度（『日本労働協会通信講座会報』五八年一月号）

索　引

あ 行

か 行

さ 行

た 行

な 行

外尾健一著作集

第 8 巻

アメリカのユニオン・ショップ制

2002年 5 月20日　初版第 1 刷発行

著　者
外尾健一
発行者
袖 山 貴 = 村岡侖衛
発行所
信山社出版株式会社
〒113-0033 東京都文京区本郷 6 - 2 - 9 -102
TEL　03-3818-1019　FAX　03-3818-0344

印刷・勝美印刷　製本・渋谷文泉閣　発売・大学図書
PRINTED IN JAPAN

ISBN4-7972-5077-1 C3332

外尾健一著作集

- ◆ 第1巻　団結権保障の法理 I
- ◆ 第2巻　団結権保障の法理 II
- ◆ 第3巻　労働権保障の法理 I
- ◆ 第4巻　労働権保障の法理 II
- ◇ 第5巻　日本の労使関係と法
- ◇ 第6巻　フランス労働協約法の研究
- ◆ 第7巻　フランスの労働組合と法
- ◆ 第8巻　アメリカのユニオン・ショップ制

◆は既刊，◇は近刊

信山社